Ali Research 出品
阿里研究院

重构
跨境电商

阿里巴巴
中小企业全球化实践

李欣欣　彭晓玲　著

上海交通大学出版社
SHANGHAI JIAO TONG UNIVERSITY PRESS

内容提要

中国外贸正处在结构调整、新旧动能持续转换的关键时机，随着外贸稳增长调结构相关政策持续落地生效，进出口企业转型升级的进程也随之加快。在新形式下涌现出很多中小企业成功转型的新模式，本书回归到跨境电商自身，通过挖掘、打造新外贸人的标杆和成功故事，用标杆效应影响和成就更多外贸人。

本书将结合 eWTP，以及阿里在全球市场的最新战略和布局，辅以数据和案例，揭示当下世界贸易的新趋势，以及中国供应商在其中扮演的角色。本书旨在帮助更多中国中小企业找到发展方向，货通全球。

图书在版编目(CIP)数据

重构跨境电商：阿里巴巴中小企业全球化实践/李欣欣，彭晓玲著.—上海：上海交通大学出版社，2018

ISBN 978 - 7 - 313 - 19753 - 5

Ⅰ.①重… Ⅱ.①李…②彭… Ⅲ.①中小企业－全球化－电子商务－企业管理－研究－中国 Ⅳ.①F279.243

中国版本图书馆 CIP 数据核字(2018)第 151711 号

重构跨境电商：阿里巴巴中小企业全球化实践

著　　者：李欣欣　彭晓玲
出版发行：上海交通大学出版社　　　　　地　　址：上海市番禺路 951 号
邮政编码：200030　　　　　　　　　　　电　　话：021 - 64071208
出 版 人：谈　毅
印　　制：苏州市越洋印刷有限公司　　　经　　销：全国新华书店
开　　本：880mm×1230mm　1/32　　　印　　张：6.5
字　　数：124 千字
版　　次：2018 年 8 月第 1 版　　　　　印　　次：2018 年 8 月第 1 次印刷
书　　号：ISBN 978 - 7 - 313 - 19753 - 5/F
定　　价：45.00 元

编 委 会

编者语

进入 21 世纪以来，以互联网、物联网、大数据、云计算、人工智能等为代表的新技术群落和以电子商务为代表的新商业模式，共同孕育了商业互联网的诞生。今天全球数字经济的发展给我们的生活方式带来了空前变革，这些数字背后不管是互联网用户，还是智能手机用户数，这些数据都表明技术商业和经济在发生着翻天覆地的变化。而这些变化，同时在重构跨境电商，带动传统产业的转型升级。这正是我们出版此书的初衷，希望更加清晰地勾勒出新的商业环境，找到新贸易的变化方向，以便帮助更多中小企业成功地走向全球化。

现如今，跨境电商已经形成能容纳各种不同角色共同参与的商业协作生态。如果我们能够更加清晰地理解其中的本质问题以及商业规律，对我们理解跨境电商行业以及互联网的发展脉络，找到未来的方向，会有诸多帮助。而在跨境电商的参与主体——中小企业中，涌现出一大批转型时代的"Shaper"，他们是思想的引领者、创新者，正在用新的思维方式、新的业务模式和澎湃的激情，去重新定义新时代的规则。

本书从策划、调研、采写到出版耗时一年的时间,编者调研走访了多家以 B2B 跨境电商为主要商业模式、成功转型的中小企业;深入参与到各类中小企业主的活动中,挖掘不同优商模式的核心竞争力,配合典型案例深入浅出,形成一本以探索跨境电商商业脉络为核心、集中解析走向全球化的中小企业成功模式的案例合集。

同时,感谢阿里巴巴的伙伴们在书籍出版期间的大力支持,无私地分享了针对全球贸易最新研究结果、市场调研数据,在关键节点给予的顾问支持;感谢参与书籍采访的各位中小企业主,在时代的变革中成为先行者并且愿意毫无保留地共享成功经验,让更多读者可以全面且多元地了解跨境贸易。

虽然"贸易战"趋势仍不明朗,但全球化贸易势在必行。外部的市场环境错综复杂,对于每一个中小企业主来说,唯有瞄准新的机遇,才能实现产业的重构、组织的重构、价值观的重构。最终,邀请每一位读者与我们一同实现属于你的出海新模式!

微型跨国公司崛起

从历史维度看,第一次全球化是国家推动的,无论是最初的地理大发现,还是以东印度公司为代表的"国家公司",都是国家意志的体现。第二次全球化是跨国公司推动的,6 000多家跨国公司主导了全球80%的贸易。而当前开启的第三次全球化,则是由中小企业、年轻人推动的,他们借助数字经济的基础设施和商业模式,实现了更普惠、可持续的全球化。

在大多数国家,中小企业在商业结构中都占据主体性地位。在中国有近1 200万家小微企业,近4 400万户个体工商户。进入数字经济时代,跨境电子商务平台的发展降低了国际贸易的成本与门槛,贸易主体、贸易形态、商业模式、组织方式都因此发生了重大变革。

即使是小微企业也可以借助跨境电子商务平台与其他国家客户和供应商建立联系,这为中小企业发展创造了历史性的机遇。通过电子商务及相关服务生态的赋能,中小企业也可获得与大企业比肩的能力。上一代全球化由大企业主导,但是数字经济时代的全球化将由中小企业主导。

阿里巴巴集团致力于"让天下没有难做的生意",为全球中小微企业以及消费者提供便利。通过提供数字时代的新商业基础设施,从电子商务平台、普惠金融、智能物流到大数据、云计算以及跨境电商服务,阿里巴巴集团正在帮助中小微企业和消费者"全球买,全球卖、全球付,全球运,全球游",寻求更多的创新型增长。

2016 年 3 月,阿里巴巴集团董事局主席马云提出了世界电子贸易平台(Electronic World Trade Platform,简称 eWTP)倡议,呼吁顺应数字经济发展潮流,帮助中小微企业发展,降低贸易投资壁垒,孵化贸易新规则。2016 年 9 月,eWTP 倡议作为二十国集团工商界活动(B20)的一项核心政策建议,被写入二十国集团(G20)领导人杭州峰会公报。

两年多来,eWTP 倡议得到了国际社会的高度认可和积极支持。2017 年 3 月,中国以外的第一个 eHub(数字中枢)在马来西亚启动。2017 年 5 月,eWTP 全球两大"数字中枢"——马来西亚数字自由贸易区和杭州跨境电子商务综合试验区正式开启互联互通。2018 年 7 月,比利时宣布加入 eWTP,欧洲首个 eHub 在比利时列日启动。

同时，eWTP 倡议与世界贸易组织（WTO）、世界经济论坛（WEF）共同开展了"赋能电子商务"（Enabling E-commerce）合作。

跨境电商正在搭建一个自由、开放、通用、普惠的全球贸易平台。在这个平台上，亿万消费者可以"全球买"，中小微企业可以"全球卖"，真正实现全球连接、全球联动。可以预见，跨境电商将连接世界，成为未来全球贸易的主要形式。

希望本书能够输出中国中小企业全球化实践新范式，为更多中小企业的出海提供参考，启发中小企业用新的商业模式寻找企业经营发展新的增长点，真正成为"全球买，全球卖"的实践者。

高红冰

阿里研究院院长

目录

上篇　中国新外贸

上篇

中国新外贸

第一章
未来全球化，普惠共享新篇章

2017 年 11 月 29 日，马云在杭州召开的世界浙商大会上表示："做企业，作为一个领导者，就是造势、借势、顺势。造势是很难的，但是顺势而为、借势而为很重要。"今天的技术革命是一个势，中国的"一带一路"倡议是一个势，全球产业链合作模式是一个势，未来世界以怎样的方式实现合作发展是一个势……

"今天的中国，今天的时代，是最佳的经商时代"，如何把握时代脉搏，实现自身转型和技术趋势的共振、企业发展和国家战略的共振、经营利润和社会价值的共振，是每一个企业家、年轻人都渴望思考和破解的问题。

全球化真的止步了吗？

跨国公司全球化失落

在过去一段时间里，逆全球化的声音不绝于耳。

2016 年 6 月 24 日，英国在经过全民公投后决定退出欧盟，欧盟第一次遭受减员的打击。一石激起千层浪，法国、荷兰、意大利、瑞典、丹麦等欧洲国家支持逆全球化的政党纷纷赢得公众的支撑，例如积极主张退出欧元区的意大利左翼政党便拥有极高的支持率。

美国总统特朗普更像是一个逆全球化的倡导者。2017 年 1 月，他在总统上任之后签署的第一份总统令就是宣布退出跨太平洋伙伴关系协定（TPP）谈判。履任一年多来，在"美国优先"政策下，美国的贸易经济保护主义不断强化，限制措施已从制造业和农业扩大到数字经济以及创新密集型产业。

那么，为什么会出现逆全球化的政治事件，这些事件又为什么会赢得民众的支撑？背后究竟是什么原因和逻辑呢？

长期以来，欧美等发达国家是全球化的主导力量，跨国公司是上一轮全球化快速发展的主要动力。跨国公司在利润最大化的目标下，将投资转移到劳动力成本更低廉、生态环境和社会保障要求更低的发展中国家。跨国公司在通过全球化获得更多利润的同时，也引发了利益分配的不均衡，这种不均衡的不断积累最终引发逆全球化：

一是不同国家间分配的不均衡。 由于全球产业链、价值链的分工，在全球生产和外包体系下，劳动密集型制造业主要分布在发展中国家，相应的欧美发达国家制造业部门失业率增加，这些失业工人成为反全球化的主要群体。

二是国家内部分配的不均衡。 在经济全球化的过程中，各国利益分配不平等、不均衡，低收入人群和弱势群体获益少，大型企业和社会精英阶层获益更多。法国经济学家托马斯·皮凯蒂（Thomas Piketty）在《21世纪资本论》（*Capital in the Twenty-First Century*）中，在基于大量历史数据比较分析后得出，资本的收益远远超过劳动收入，且这种"剪刀差"将越来越大的结论。受益于全球化的"赢家们"忽略了中低收入群体的诉求，加剧了社会矛盾的暴露，并导致西方民粹主义风潮的盛行。

事实上，逆全球化不仅是政治思潮，现实中也正在实实在在地发生。

英国是中国在欧盟内部仅次于德国的第二大贸易伙伴，不少中国公司已经在英国建立了分公司或总部。2017年3月16日，英国正式启动脱欧程序，作为中国企业，或许将不再能享受欧洲市场免税，甚至还要考虑是不是将欧洲总部迁出英国。

美国是中国的全球第一大贸易伙伴，"美国优先"背后的含义就是美国利益优先。作为中国企业，在和美国做生意的过程中，你可能面对一个非常好的并购美国企业的投资机会，即使是双赢，也可能因"美国优先"而被拒绝。根据汤森路透的调查数据,截至 2017 年 11 月,2017 年中方资本在美国的并购规模,由 2016 年同期的 603.6 亿美元下降到 138.8 亿美元,降幅近 8 成。

2018 年伊始,中美贸易战便风起云涌。2018 年 1 月 2 日,美国以国家安全为由拒绝蚂蚁金服收购速汇金。除了投资,在贸易层面上,你原本可以将更好、更新的产品卖到美国,但是现在可能因"美国优先"而不能做了。2018 年 1 月 9 日,在华为手机首次进入美国的最后一刻,美国运营商合作方 AT&T 突然取消了在美国销售华为手机的计划。2018 年 3 月 22 日,美国总统特朗普在白宫签署了对中国输美国产品征收关税的总统备忘录,将对从中国进口的 600 亿美元商品加征关税,并限制中国企业对美投资并购。

所以,你可能会发现,逆全球化趋势下,国际贸易更难做了,并不是市场不好,而是阻力更大。在可以预见的未来,在经贸、投资、科技等领域中,"全球化"与"逆全球化"的博弈将进一步向纵深发展。

世界经济的大海,有风平浪静,也有波涛汹涌。当今逆全球化的思潮,是趋势的洪流,还是调整的浪花? 全球化真的止步了吗?

中国国家主席习近平在 2017 年世界经济论坛中的描述,给出了答案:"世界经济的大海,你要还是不要,都在那儿,是回避不了的。想人为切断各国经济的资金流、技术流、产品流、产业流、人员流,让世界经济的大海退回到一个一个孤立的小湖泊、小河流,是不可能的,也是不符合历史潮流的。"

对于 2018 年以来美国挑起的"贸易战"，习近平主席在 4 月 10 日的海南亚洲博鳌论坛中给出了中国态度："综合研判世界发展大势，经济全球化是不可逆转的时代潮流。正是基于这样的判断，我在中共十九大报告中强调，中国坚持对外开放的基本国策，坚持打开国门搞建设。我要明确告诉大家，中国开放的大门不会关闭，只会越开越大。"

* 案例

中美"贸易战"下，逆全球化趋势确立了吗？

2018 年 3 月 22 日，美国总统特朗普在白宫签署了对中国输美国产品征收关税的总统备忘录，拟对从中国进口的 600 亿美元商品加征关税，并限制中国企业对美投资并购。中美贸易战一触即发，引发市场普遍担忧。

4 月 3 日，美国贸易代表办公室依据"301 调查"结果公布拟加征关税的中国商品清单，涉及每年从中国进口的价值约 500 亿美元商品。随后，中国商务部在 4 月 4 日下午也发布公告，称中国决定对原产于美国的 106 项商品加征 25％关税，进口金额约为 500 亿美元。这则消息随即引发美国市场剧烈反应，大豆、猪肉、牛肉等期货价格大跌，三大股指期货跌均达 1.5％以上，波音盘前大跌超过 5％，福特汽车跌超过 2％，通用汽车跌超过 3％。市场反应强烈，显然"贸易战"对中美两国的进出口都将带来负面影响。

进口方面，3月23日，中国商务部发布了针对美国进口钢铁和铝产品232措施的中止减让产品清单并征求公众意见，拟对自美国进口部分产品加征关税，中国对鲜水果、干水果、坚果、葡萄酒、花旗参、无缝钢管、猪肉、废铝等7类、128个税项产品终止减税。相应地，对于从事进口生鲜、坚果食品等类目的进口跨境电商来说，产品成本将会因关税的提升而增加，市场必然受到冲击。出口方面，根据特朗普签署美国总统备忘录，通过"301调查"将对中国多领域进口产品施加高额关税，限制中国在美国高科技投资。受此影响，我国电子设备、机械设备、服装制造、金属制品等产品出口美国市场将更加困难。

面对"来势汹汹"的贸易战，中国跨境电商企业该怎么办？

一是加强产品附加值和竞争力。此次"贸易战"中，美国将侵犯知识产权问题列为对中国"开战"的重要因素。未来，无论从消费者的消费趋势来看，还是产品的竞争力来看，重视知识产权保护，加强设计、创意、科技等元素带来的产品创新和品牌提升永远是企业竞争力的来源。

二是注重拓展多元化市场。随着中国"一带一路"倡议的推进以及中国不断地开放市场，欧洲等发达地区以及印度、巴西等发展中国家市场也会不断带来市场机会。多元化市场策略将降低单一国家带来的政策风险。

逆全球化趋势真的确立了吗？

答案是否定的。从数据来看，过去十年，中国出口依存度不断下降，出口占GDP的比重从2006年的35.4%降至2017年的18.5%；贸易顺差占GDP的比重从2007年的高点7.5%降至2017年的3.5%，600亿美元相当于 2017 年中国出口额的 2.64%，规模影响并不是致命的。

长期以来，中美经贸被视为两国关系的压舱石，背后的逻辑在于中美经贸的互补性：中国提供了美国不愿生产的廉价生活用品，中国的大量代工厂降低了美国企业的制造成本；而中国购买了美国大量农产品及飞机等技术产品。然而，随着中国在产业升级过程中，不断在科技、金融、大型装备制造领域追赶，中国在贸易领域逐渐触碰到了美国的"蛋糕"，例如，C919 大飞机便是对美国波音公司的重要冲击。因此，美国宣布对中国600 亿美元商品征收关税，以"惩罚"中国侵犯知识产权，其内在原因在于中国在产业转型过程中将会越来越多地面临和美国的竞争。

那么为什么中国在这场"贸易战"立场坚决，4 月 6 日商务部发言人高峰给出了答案："这是单边主义和多边主义之间的一场斗争，是保护主义和自由贸易之间的一场斗争。"中国正在更加坚决地开放，融入全球贸易体系；而世界经济的海洋中，将会有更多的全球化的捍卫者。2018 年 4 月10 日，习近平主席在海南亚洲博鳌论坛的开幕演讲中庄严宣布，中国将大幅度放宽市场准入、创造更有吸引力的投资环境、加强知识产权保护、主动扩大进口，"……这些对外开放重大举措，我们将尽快使之落地，宜早不宜迟，宜快不宜慢，努力让开放成果及早惠及中国企业和人民，及早惠及世界各国企业和人民……"

数字经济凝聚全球链

习近平主席在亚太经合组织第 24 次领导人非正式会议第一阶段

会议上曾明确指出："经济全球化进入阶段性调整期,质疑者有之,徘徊者有之。应该看到,经济全球化符合生产力发展要求,符合各方利益,是大势所趋。"

为什么经济全球化是大势所趋?

长期以来全球化形成了国与国之间的命运共同体,"你中有我,我中有你"的世界难以割裂。无论是发达国家还是新兴国家,国与国之间的经济都保持着千丝万缕的联系,相互依赖度不断加强。以阿里巴巴国际站(Alibaba. com)为例,平台上一些"90后"创业客户,公司设在深圳前海,设计在以色列,品控在德国,客服在英国,生产车间在柬埔寨、越南等地,年销售额达到上亿元人民币的规模。

全球化呈现出生产全球化向生活方式全球化发展的特征,人们对物美价廉的内生需求不会改变。一方面,逆全球化的思潮风起云涌,但另一方面所有人都不得不承认,人人都正在享受自由贸易带来的低廉的商品和多样的服务:我们使用的飞机、汽车、智能手机、互联网……这些经济全球化的产物非在一国一地制造。出于对优质低价产品、服务的需求,服务外包、跨境旅游、海淘产品……各种人员、资源、资金等生产要素在全球范围自由流动,人们已经习惯全球化的生活习惯,使得无论是经济问题还是社会问题都超越了国家边界,需要各国协同应对。

互联网加速凝聚全球链,数字经济使得全球化分工不可逆转。过去 10 年,全球互联网普及率从 21.7% 上升到了 48.8%,而发展中国家的互联网普及率增速更是发达国家的 2 倍。高速发展的基础设施更带来了"数字经济"，这使得全球合作成为必然选择。"数字经济"中的大数据、云计算、人工智能等数字技术被广泛使用，依托"数字神经"平台，产品与服务的更新周期越来越快，而速度成为关键竞争要素。企业必须以最快的速度了解到最新的市场需求潮流和热点，以最快的速度转化为产品并完成生产制造，以最快的速度调整营销策略并加以实施……速度的压力推动企业以合作的方式实现全球分工。另一方面，技术革命极大地降低了合作沟通的信息成本，使得广泛的、低成本的合作成为可能。数字经济的蓬勃发展，使得世界在过去"离线的世界"之外诞生了另一面——"在线的世界"。数据的流动与共享，则推动着商业流程跨越企业边界，编织出全新的资源网络、生态网络和价值网络。在不久的将来，公司将变成无形的公司，而市场和业务则遍及全球。

"历史地看，经济全球化是社会生产力发展的客观要求和科技进步的必然结果，不是哪些人、哪些国家人为造出来的。经济全球化为世界经济增长提供了强劲动力，促进了商品和资本流动、科技和文明进步、各国人民交往"。[①] 全球化，不再是可有可无的选项，而是世界经济增长、各国社会进步的重要引擎。

---

① 摘自习近平主席在世界经济论坛 2017 年年会开幕式上发表的主旨演讲《共担时代责任　共促全球发展》。

马云在 2018 年达沃斯论坛中这样讲道:"如果 30 年后的人们还用手机的话,可以实现全球购买,比如说你想买肯尼亚的东西,你就点击;你想从挪威买东西,你就点击,全球购买、全球销售,现在有全球的支付、全球的递送、全球的出行,你只需要手机,甚至不需要护照,这会在 10 年之后发生,这是一条讯息,请我们抓住机会吧。如果我们抓住并拥抱机会的话,你就会是下一个阿里巴巴。"

* 数字经济规模有多大?

- 截至 2017 年 6 月,全球网民总数达 38.9 亿,普及率为 51.7%。其中,中国网民规模达 7.51 亿,居全球第一,全球移动用户数则达到 77.2 亿。

- 全球 22% 的 GDP 与涵盖技能和资本的数字经济紧密相关,中国的数字经济占 GDP 比重达 30%。

- 全球排名一百强的跨国企业里,19 个是高科技或者电信企业,总市值占到了全球经济的 26%。

- 中国是全球最大的电子商务市场,占全球交易总额的 40%。

- 中国的移动支付也引领全球的业态,交易额达到了美国的 11 倍。

- 世界互联网发展指数,美国以 57.66 分排名第一,中国 41.8 分位列第二。①

---

① 第 1—6 条数据均来自:第四届世界互联网大会发布的蓝皮书《世界互联网发展报告 2017》和《中国互联网发展报告 2017》。

● 未来 5 年，私人网上消费将以每年 21％的速度增长，网络购物将贡献 42％的私人消费增长。①

● 中国网络零售中 39％属于新增消费，其中在三线及以下城市更高达 57％。②

● 2035 年中国整体数字经济规模将接近 16 万亿美元，数字经济渗透率为 48％，总就业容量将达 4.15 亿。其中，阿里巴巴经济体就业规模将超过 1 亿。③

跨境电商的星星之火

尽管国际政治格局不断变化，国际经济活动波动反复，但是中小企业层面和消费者层面的跨境贸易已经日益频繁，逐渐替代跨国公司承担全球化的责任。

从全球来看，根据第三方数据机构 eMaketer 的调查，2011 年到 2016 年间，全球网络零售交易额从 8 600 亿美元增长至 19 200 亿美元，年平均增长率达 17.4％，2016 年，全球电子商务市场规模超过 25 万亿美元，成为世界经济的亮点和新增长点。美国网络零售交易额达

---

① 资料来源：波士顿咨询公司和阿里研究院的合作报告《中国消费趋势报告——三大新兴力量引领消费新经济》。
② 资料来源：麦肯锡全球研究院发布的《中国的数字化转型：互联网对生产力与增长的影响》。
③ 资料来源：波士顿咨询公司发布的研究报告《迈向 2035：4 亿数字经济就业的未来》。

3 710 亿美元人民币,同比增长 8.5%,占全国零售总额的 8%。预计到 2020 年,全球网络零售交易额将超过 4 万亿美元,占全球零售总额的比例从 2016 年的 7.4% 增长至 14.6%。

得益于此,跨境电商市场将实现跨越式发展。尼尔森的报告显示,跨境电商在互联网的推动下五年内将保持 300% 的增长,埃森哲研究报告则预计 2020 年跨境电商市场规模将达到 9 940 亿美元。

从中国来看,尽管全球贸易增速放缓,中国跨境电商却在逆势增长,进出口贸易中的电商渗透率持续提高。

商务部数据显示,2012—2016 年,我国外贸总额年均增速仅为 0.3%,而 2011—2016 年中国跨境电商交易保持年均 30% 以上的高速增长,从 1.7 万亿成长到 6.7 万亿人民币,增长 5 倍。跨境电商已经成为中国外贸增长的重要动力,在进出口总额中的占比由 2012 年的 8.6% 提高到 2016 年的 27.53%。

2017 年,中国跨境电商交易规模达 7.5 万亿元人民币,同比增长 25%。预计 2020 年,中国跨境电商交易规模将达 13 万亿元,在 2015—2020 年区间,复合年均增长率达到 22%。中国进出口贸易中的电商渗透率持续提高。2017 年,跨境电商交易额占中国进出口总额的 27%,预计到 2020 年,该占比将上升到 35%。

那么,为什么跨境电商能够异军突起,逐渐成为逆全球化背景下的一股“桀骜不驯”的力量?为什么中国跨境电商能够呈现星星之火,燎原之势?

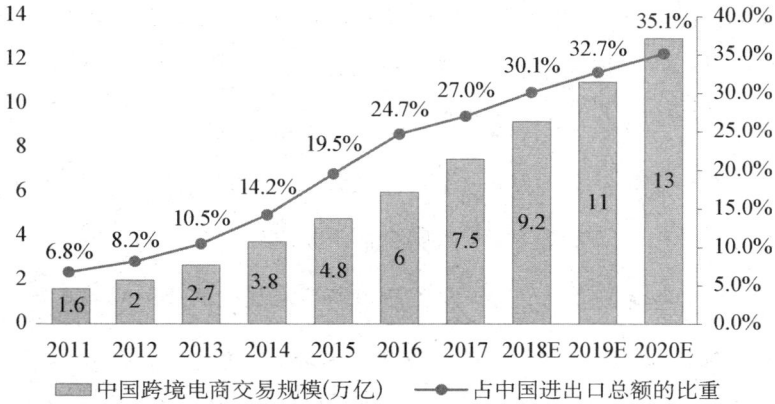

图 1.1　中国跨境电商交易额与货物贸易进出口总值
资料来源：商务部、海关总署、艾瑞、易观、阿里研究院；阿里研究院分析

这离不开技术进步、消费升级、产业支撑和信用保障这四大驱动力。

技术进步。科技的巨大发展为跨境电商提供了"天时"优势，互联网、智能终端的普及和发展为跨境电商搭建了良好的基础设施，消费者或者经销商可以在任何碎片化的时间开启自己的"买买买"模式；支付体系、物流体系的完善促进交易流程的优化，没有 bug 的交易，没有违约的担心，没有无尽的等待，交易感受得到极大提升；云计算、大数据促进消费者需求拉动大规模柔性生产，"你制造，我来买"变成了"我需要，你来造"，极大地提高了采购的个性化和满意度。这一切都为跨境电商奠定了发展的基础。

消费升级。中国有一个巨大的市场，2020 年中国中产阶层及以上家庭将达到近 2 亿户，消费升级为跨境电商的发展提供了不竭的源动力。因此,中国巨大的消费市场不仅可以吸纳国内自身的生产能力,还具有广阔的国际吸引力,这成为中国和其他国家进行贸易平衡的砝码,为中小企业"全球买,全球卖"创造良好的先机。

产业支撑。中国的跨境电商出口占比为80%左右,为什么中国制造能够出海?原因在于中国拥有全世界门类最为齐全的制造业,形成了一个巨大的发展优势。从机器设备到家具家居,从3C数码到时尚消费,中国商品全领域出海。按照对外经济贸易大学国际经贸学院教授王健博士的研究数据,中国外贸中小企业约500万家,占对外贸易总额的60%左右。这些中小企业如果能够充分利用电子商务和大数据,更好地了解海外市场,更深入了解需求趋势,让更多数据为生产"指明道路",中国就将从制造大国变成制造强国。

信用保障。跨境电商通过陌生人交易,因此解决陌生人的交流安全是核心问题。货品漂洋过海,资金横跨大洲,没有信用保障,生意是万万做不起来的。以阿里巴巴国际站为代表的跨境电商交易平台,通过彰显信用,促进交易,形成良性循环,极大降低了跨境电商的交易摩擦,从而推动交易不断发展和简化。以入驻阿里巴巴国际站的Sandra家族企业为例,几年前,很多非洲客户下订单之前会来中国考察,看到工厂之后才敢放心交易。但随着他们对阿里巴巴国际站的信任度越来越高,平台又为买家提供信用保障服务,解决信任风险,近两年经过网上沟通就完成交易的客户越来越多,电商平台基本能够替代线下驻点的作用。

图 1.2　中国跨境电商高速增长的四大动力

　　跨境电商的核心价值仅仅是简单地为企业提供了新的平台么？显然不是。跨境电商最核心的价值是通过对消费者需求的洞鉴和市场变化的前瞻，为国家制造业和服务业升级提供方向引导和转型机遇。

　　实现这一价值的过程是数据。跨境电商可以让每一个企业能够直接面对消费者的需求，得到消费者的反馈，继而快速感受市场的发展和变化，预测市场未来的趋势，从而带动整个制造、产品供应的转变升级，减少中间环节，减少库存，让企业能够获得更大的利润空间。

　　跨境电商依托平台打造了完整的产业链路。这个链路包括了从制造到出口，再到最终海外消费者的一个完整的数据链，也包含了企业依托数据开展的营销、物流、设计和生产等环节的一个完整的产业链。

　　跨境电商搭建起一个自由、开放、通用、普惠的全球贸易平台，在这个平台上，亿万消费者可以货买全球，中小企业可以货卖全球，真正实现了全球连接、全球联动。以阿里巴巴国际站为代表的跨境电商平台，正在通过重构传统贸易链路，使各国中小企业从普惠、共赢的全球化贸易中受益。

＊ 中国跨境电商数据鸟瞰

- **中国跨境电商出口和进口的比例约为 4∶1**

○ 2012 年，中国跨境电子商务交易额中，出口占比为 88.57％，进口占比 11.43％。

○ 2016 年出口交易额为 5.5 万亿元人民币（下同），占比 82.1％；进口交易额为 1.2 万亿元，占比提高到了 17.9％。

○ 2017 年，出口 15.33 万亿元，增长 10.8％；进口 12.46 万亿元，增长 18.7％；贸易顺差 2.87 万亿元，收窄 14.2％。2017 年，跨境电商整体交易规模（含零售及 B2B）达 7.6 万亿元人民币。2018 年跨境电商交易规模有望增至 9 万亿元。[①]

- **中国跨境电商 B2B 和 B2C 的比例约为 9∶1**

○ 2012 年在跨境电子商务中，B2B 占比高达 96.2％，B2C 占比只有 3.8％。

○ 2016 年，B2B 交易额为 5.94 万亿元，占比为 88.7％；B2C 为 0.76

---

① 艾媒咨询发布的《2017—2018 中国跨境电商市场研究报告》。

万亿元，占比为 11.3%。

○ 2017 年上半年，B2B 交易额为 3.15 万亿元，占比降至 87.4%；B2C 为 0.45 万亿元，占比提升至 12.6%。

○ 2017 年全年，B2B 交易额超过 7 万亿元，B2C 首次突破万亿元，且占比提升至 12.5% 左右。

未来全球化

未来的全球化，也是正在发展和经历的全球化，是中小企业和广大消费者深度参与的全球化，也是打破不均衡的利益格局、普惠共享的全球化。

数字时代全球大协同

未来，个人和小型主体的跨境消费将逐渐把全球化推向新的高潮。

进入跨境电商时代，跨境交易基础设施的完善，将更加便利和低成本地促进个人直接参与跨境消费，这将助力普惠共享全球化的发展。包括：

（1）以消费需求为中心的全球创新协同。跨境电商平台使消费者更加便利高效地获取商品信息，社交媒体的发展推动消费者之间的信息共享,促进以消费需求为中心的全球协同。通过跨境交易平台,卖家能连接全球消费者,洞悉其需求,实现直接的买卖交易;消费者则能够有效了解厂商与市场信息,并通过社交平台等工具与其他地区的消费者互相交流,分享产品、厂商信息以及各自的体验,提升话语权,从而为企业微创新提供灵感,实现无国界的产品与服务个性定制与创新。

(2)以技术支撑为动力的全球服务协同。机器翻译等技术的发展也能帮助交易双方克服语言障碍。第三方支付平台的跨境发展,使得个人跨境支付的成本降低、流程简化、时效性提升,并推动其他支付服务提供商改进其跨境支付服务。物流体系的深化对接可以以较低成本满足碎片化的交易和小批量灵活的运输与交付。

(3)以数据共享为理念的全球产业链协同。到 2020 年,每年接近 10 亿消费者的数十亿笔跨境交易的相关数据将在跨境电商平台上产生,这将成为平台上宝贵的数据资产,能够为多方带来可观价值。这些数据将帮助全球企业了解消费者的特征与需求,帮助服务商更准确地判断市场行情,甚至各国政府也能据此达成更准确的政策制定与决策,以及税收实现,从而形成全球产业链的整体协同。

新的全球化模式将推动商品经济更全面、深入的发展,不断从供给侧满足消费者更为优质、个性的需求,从而带动全球经济向着更公平、普惠的轨道发展。基于互联网及跨境电商的全球化将带来:

(1)更透明的信息。基于互联网和信息技术,消费者通过网络了解产品、下单及购买过程、商品随物流在世界各地流转等,这些环节产生了大量的信息流将缓解市场上企业和消费者之间信息的不对称，为企业找准客户、迭代产品、创新思路提供了依据。跨境电商在满足消费者需求的同时，也推动了消费者对于商品不同方面的追求；跨境电商在引领消费的同时，也拓宽了国内该产业的企业获取信息的途径，有助于解决双方的信息不对称。

（2）更公平的竞争。跨境电商渠道让国内和国际市场统一起来，通过电商平台这一途径，将更安全、更丰富以及更高品质的产品提供给国内外的消费者，以更低的价格带给消费者更多的选择。这种选择就是让某一产品、某一产业的企业在世界范围内同台竞争，在更加激烈的竞争中实现优胜劣汰。

（3）更繁荣的市场。一方面，更透明、公平的市场环境将促进企业良性竞争；企业需要在差异化、个性化、优质化等方面不断做出调整以适应不断变化的市场，这将有利于更好地满足消费者需求、有利于产业未来的发展，同时也是顺应供给侧改革的要求。另一方面，互联网带来的生产力的提升将减少大量传统岗位，在新经济背景下，新的就业形态不断涌现，跨境电商将从促进平台就业、创造服务业工作岗位等方面为各国创造更多就业机会。

中小企业全球化机遇

未来全球化将改变跨国公司主导的全球产业链分工，中小企业等微观主体逐渐走向舞台，通过跨境电商发展成为下一阶段全球化的主人公。

互联网作用下，人们生产、生活方式的变化，使得中小企业提供的产品可以灵活调整，易被终端市场接受。

人们的购物理念和方式发生了重大改变。例如，人们越来越习惯、越来越喜欢通过网络进行电子交易，贸易形态逐渐扁平化；移动互联网的便利使得人们可以随时随地利用碎片化的时间进行网络交易，订单金额从大变小，时间周期从长变短，交易方式由整装、规模向碎片化、定制化、个性化等方向发展。

扁平化、碎片化、定制化、个性化的贸易特征，使得过去大的企业和贸易公司不再具有优势，中小企业群体的灵活性反而更加能够迅速适应不断变化的需求，并针对市场变化及时做出相应的调整。依赖对于需求市场的精准把握占有市场，中小企业提供的产品更方便灵活，易被终端市场接受，在外贸份额中逐渐成为进一步发展的生力军。

基础设施的普惠共享，大大降低了中小企业转型成本，继而降低中小企业参与全球化的门槛。

过去，以服务器、存储和软件为代表的传统信息技术（IT）产品的采购和维护运营成本都很高。如今，大数据时代，以云计算技术为代表的按需服务，使得个人及各类企业能够以低成本获得所需的计算、存储和网络资源，不需要购买昂贵的软硬件产品及设备，极大降低了技术门槛，使云计算成为普惠技术。

云计算打破了大企业在计算能力上的垄断,逐渐成为普惠经济的基础,中小企业获得了之前大企业才具备的专业能力。基础设施的普惠共享,大大降低了中小企业的转型成本,继而降低中小企业参与全球化的门槛。

开放式创新的趋势下,"中小企业式"的微创新将得到更多认可,从而转化为社会经济发展的巨大动力。

过去,说到企业创新,人们更多想到的是微软、IBM 等大企业的研发中心。他们拥有资金优势、人才优势,依靠内部的资源进行封闭、自循环的创新,不断提升企业竞争力。这种创新方式成本高,中小企业只能望其项背。

如今,"副业"、"斜杠人生"、"被动收入"等名词越来越多地成为年轻人的性格特点,并越来越多地进入日常对话。为了自我实现、创造更多财务自由,有越来越多的年轻人正尝试通过"小聪明"实现自己的梦想。个人或中小企业,通过互联网快捷地寻找资金、技术、外包、团队、咨询或战略联盟等合适的商业模式,并能更快更好地把创新思想变为现实产品与利润。

中小企业的每一个创新点,在成熟的大市场上,必将带来非常可观的影响。过去许许多多看似"不起眼"、"草根"的微小创新,反而因为更快的速度、更低的成本获得更多的收益与更强的竞争力,从而更多地被关注和重视,转化为社会经济发展的巨大动力。

* 案例

中小企业微创新——EyePatch 的保护隐私手机壳①

EyePatch 的创始人迈克尔·索伦蒂诺(Michael Sorrentino)是有着十余年经验的媒体从业人员。一次对黑客入侵学校电脑系统的报道,让他产生了创业的冲动,并设计了可在平时同时遮挡前后两个摄像头的手机壳。需要拍摄时,只需轻轻一滑滑盖,摄像头即可使用。这不仅保护了手机摄像头,还帮助使用者避免了泄露隐私的潜在风险。

拿着纸上简单的草图,迈克尔在阿里巴巴上找到了理想的中国供应商,这家供应商不仅为其提供了原形 3D 建模,还提供了设计修改建议。

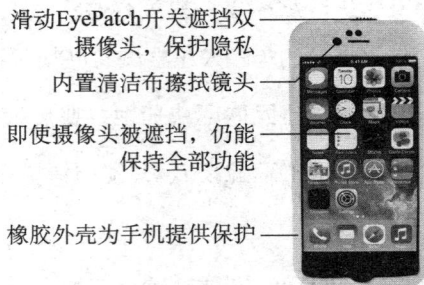

滑动EyePatch开关遮挡双
摄像头,保护隐私

内置清洁布擦拭镜头

即使摄像头被遮挡,仍能
保持全部功能

橡胶外壳为手机提供保护

图 1.3 EyePatch 的保护隐私手机壳

---

① 资料来源:CES 上的励志故事,阿里巴巴国际站帮助美国年轻一代掌握先机[EB/OL]. (2018 - 01 - 12). http://www. ce. cn/xwzx/gnsz/gdxw/201801/12/t2018011 2_27707773. shtml.

随后，通过众筹模式，这款保护隐私的手机壳在几周内就实现了批量生产，后被备受年轻人喜爱的新闻聚合网站 BuzzFeed 和知名科技网站 The Verge 报道，并被苹果官方提及。

普惠共享新篇章

今天全球化不是去征服世界，而是服务世界。

互联网的蓬勃发展带来的商业模式、产品及市场结构的变化，使得全球化出现了新机遇和转型，呈现出"普惠"的特点。未来全球化，迎来普惠共享新篇章。

为什么说未来的全球化，是普惠共享的全球化？这要从不同阶段全球化的特征和模式入手，比较差异与不同。

过去的全球化，是发达国家的全球化，是大型跨国企业的全球化。未来的全球化，将摆脱参与主体不平等，是弱势群体直接参与的普惠全球化。

普惠全球化，是覆盖面更加广泛的全球化，是各个阶层主体，尤其是弱势群体能够参与到进程中的全球化。

过去，更多的是全球 6 万家大型跨国企业参与的全球化，而中小微企业抵抗国际市场风险的能力较差，在供应商选择范围、贸易渠道、贸易谈判上都难以与大企业相抗衡，在竞争中往往处于劣势。

跨境电子商务平台使中小微企业以更低的成本接触客户，获得订单,积累信用。比如阿里巴巴国际站,致力于帮助中国中小企业出口和全球中小企业拓展海外市场,迄今已经发展成为全球最大的国际贸易平台,平台上注册的全球采购商数量超过 5 000 万。每天有来自全球超过 200 个国家(地区)的中小企业在平台上进行采购;每天有近 30 万笔询盘订单在平台上发生。

过去的全球化,是全世界掠夺低成本资源和劳动力、收益分配不均衡的全球化;未来的全球化,是摆脱利益分配不平等、参与各方互利共享的全球化。

共享的全球化,是秩序更加公平的全球化,是使得过去全球化中的弱势群体获得更优质的资源、服务,更广泛渠道的全球化,是实现多方共赢、利益共享的全球化。

过去,由于发达国家和发展中国家谈判能力不对等,制定规则的话语权不对等,在制定国际经贸规则时,往往没有充分考虑发展中国家的切身利益与关切。

随着全球信息的互联互通,网络基础设施的不断完善,未来的全球化不仅要求更多的贸易阶层、贸易群体都能参与到经济全球化的进程中来,而且通过互联网实现秩序更加公平公正、贸易流程更加方便透明,各方参与主体能够从全球化中获得利益。

互联网及信息技术的发展,已经对全球化带来更深刻的影响,普惠共享的全球化理念正在逐步覆盖到全球经济的方方面面。未来全球化,以平等为基础,确保各国在国际经济合作中权利平等、机会平等、规则平等；以开放为导向，不搞排他性安排，防止治理机制封闭化和规则碎片化；以合作为动力，共商规则，共建机制，共迎挑战；以共享为目标，提倡所有人参与、所有人收益。

过去的全球化，是最终产品贸易方式，以发达国家和发展中国家来进行不同产品区分的全球化；未来的全球化，是新的国际分工和全球价值链模式，以全球生产者和消费者来划分，是全球价值链分工的全球化。

全球价值链分工的全球化，是在各国产业结构的关联性和依存度不断提高的背景下，将贸易模式从最终产品贸易转向价值链贸易。一国产业结构在与其他国家产业结构的互联互通中实现动态调整和升级，通过资源整合不断提升要素配置效率及全要素生产率，从而实现更高效的生产、更好地服务于消费者，在互利共赢中提升全球发展红利。

当下，互联网开启了普惠共享全球化的新时代；未来，互联网将会带来全球化进一步的发展与繁荣。

中国方案

当前全球化正处于前所未有的调整期，新的信息技术和网络设施促成了新一轮商品、信息、资本和人员的自由流动。这些要素的自由流动促成了全球化新的大发展和传统产业转型，为全球中小企业带来了历史发展机遇,同时,也对各国政府治理和传统国际贸易规则提出了重大挑战和新的要求。

"一带一路"

中国享受着全球化发展的红利,同时也不断致力于推动普惠全球化事业的发展。

近年来,中国积极推动"一带一路"建设,并得到国际社会的广泛响应。2017 年,我国与沿线国家贸易额为 7.4 万亿元人民币,同比增长 17.8%,增速高于全国外贸增速 3.6 个百分点。其中,出口 4.3 万亿元人民币,增长 12.1%,进口 3.1 万亿元人民币,增长 26.8%;我国企业对沿线国家直接投资 144 亿美元,在沿线国家新签承包工程合同额 1 443 亿美元,同比增长 14.5%。

"一带一路"已经成为中国深化对外开放、扩大贸易往来、带动区域经济快速发展的新引擎。这既是中国建设全面开放战略新格局的重要实践,也是推动开放、包容、普惠的全球化模式的重要体现。

"一带一路"是"逆全球化"的国际经济大背景下,中国推动新一轮全球化的重要创新。"一带一路"倡议积极和沿线各国发展战略对接,以贸易投资自由化、便利化为纽带,实现基础设施互联互通、各国产能广泛合作、人文交流相互支撑的开放模式,探索了包括各国政府、企业、社会机构和民间团体在内的多主体、多领域的互利合作新模式,并成立丝路基金、亚投行和金砖国家开发银行,积极构建全球自贸区网络，为经济全球化贡献出中国方案。

"一带一路"打破原有贸易发展瓶颈，为维护全球高效、公平贸易提供了一条新通道。"一带一路"坚持共商、共建、共享原则，在投融资、生产、网络服务等各个方面全方位、立体化地构建起了交流融合格局，为交流融合创造了新的制度平台，使得更多沿线国家有可能通过技术交流融合创造新的贸易范畴，将贸易便利化、自由化从理论设想逐步转化为实践。

"一带一路"作为中国对外开放的新契机，将为中国企业对外开放带来巨大商机。中国结合自身技术与资金等优势，实行全方位开放，一方面为中国的出口创造了巨大商机，另一方面在提升中国企业的产品品质、创新意识和品牌意识上起到了巨大的推动作用。

"一带一路"让中国企业"走出去"的速度更快了，质量也在不断提升。前不久，由中、俄、法共同开发的液化天然气项目在寒冷的北极投产运营，青岛一家企业突破了在零下四五十摄氏度的极寒环境下，对管道、设备进行保温的世界性难题，拿下了其中价值 101 亿元的超级订单。

随着"一带一路"纽带的延伸，跨境电商这条"E-Road"也不断触及更多的国家和地区，形成网上丝绸之路，并正在成为国际贸易的新业态和重要组成部分。我国开展跨境电商的外贸企业超过 20 万家，跨境电商发展促进了铁路国际运邮的强烈需求。以中欧班列为例，2017 年，全年开行 3 673 列，同比增长 116％，超过过去 6 年的总和。

同时,自 2016 年中欧班列统一品牌以来,中欧班列开行质量不断提升,货值显著增加。

跨境电商平台作为数字丝绸之路的基础设施之一,承担着让贸易更便捷的重大责任,平台数据也体现了"一带一路"沿线国家的贸易活跃度。阿里巴巴国际站的数据显示,2017 年"一带一路"沿线国家的活跃买家数较上年增长了 43%,比网站整体(不包含中国)活跃买家数增幅高 11 个百分点。

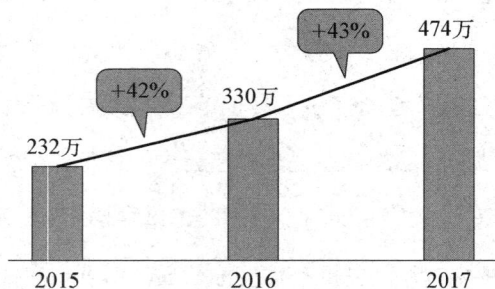

图 1.4　Alibaba.com 一带一路沿线国家活跃买家增幅

＊ "一带一路"沿线国家跨境电商连接指数[①]

阿里巴巴根据跨境电子商务大数据(包括跨境电商零售出口和跨境电商零售进口),编制了"一带一路"沿线国家 ECI 指数(E-Commerce

---

① 案例来源：2017 年阿里研究院《"一带一路"国家的跨境商机报告》。

Connectivity Index，跨境电商连接指数），旨在反映中国与"一带一路"沿线国家在跨境电商贸易方面的连接紧密程度。

出口指数越高，表示该国购买"中国制造"的商品越多；进口指数越高，表示中国消费者购买该国商品越多。

根据阿里巴巴跨境电子商务大数据编制的"一带一路"沿线国家ECI跨境电商连接指数显示：

● 东欧、西亚、东盟国家与中国跨境电商连接最紧密。

● 中国与"一带一路"沿线国家ECI跨境电商连接指数Top10的国家是：俄罗斯、以色列、泰国、乌克兰、波兰、捷克、摩尔多瓦、土耳其、白俄罗斯、新加坡。

● 出口方面，全球速卖通覆盖"一带一路"沿线全部国家，"一带一路"沿线国家用户占比超过45％，俄罗斯、乌克兰、以色列、白俄罗斯、波兰是购买力排名前五的"一带一路"沿线国家。

政府助力

中国政府高度重视跨境电商的发展，将其视为新时期中国经济发展的新引擎、产业转型的新业态和对外开放的新窗口。

2012—2017年期间，中国相继出台了二十多项政策和文件。其中，国务院及国务院办公厅出台的政策文件有9项（国务院直接出台3项，国务院办公厅发布6项），从国家战略以及政策层面对"E-Road"跨境电子商务发展提供了有力的支持。

2015 年 3 月国务院批准设立中国（杭州）跨境电子商务综合试验区，2016 年，国务院支持天津、上海、重庆、郑州等 12 个城市试点跨境电商综合试验区，以深化改革、扩大开放为动力，通过一系列的政策制度来解决跨境电子商务发展过程中所出现的问题，为推动全国跨境电子商务发展提供可复制、可推广的经验，用新模式为外贸发展提供新支撑。2016 年 5 月，国务院印发《关于促进外贸回稳向好的若干意见》，从 5 个方面提出了 14 条政策措施促进跨境电商发展。①

在国家大政策的引导下，各省市级政府也在积极寻求制度创新和政企合作，实现跨境电商助力下的新旧动能转换。

跨境电子商务具有碎片化、小额化、多频次化的特点，原来的监管完全不适应贸易形态变化怎么办？

杭州市政府在全国首先推动制度创新。监管对象怎么认定？杭州在全国率先尝试创造了 B2B 认定标准，基于不同的认定形成了海关 B2C 进口、B2C 出口、保税出口等各类监管模式。跨境电商面临的纠纷怎么解决？杭州依照国际商事纠纷仲裁管理，成立了互联网法院，同时组建互联网的仲裁联盟，在亚太地区形成联盟推进互联网仲裁。跨境电商质量怎么保证？杭州市设立了全国第一个跨境零售商

---

① 一是鼓励金融机构对有订单、有效益的外贸企业贷款；二是完善加工贸易政策，综合运用财政、土地、金融政策，支持加工贸易向中西部地区转移；三是支持企业建立国际营销网络体系，鼓励企业建立境外服务保障体系；四是开展并扩大跨境电子商务、市场采购贸易方式和外贸综合服务企业试点；五是降低出口平均查验率，加强分类指导。

品质量监控中心，目前主要跟阿里巴巴平台对跨境零售进口进行商品监测，未来推广至出口产品……

2017 年 11 月 27 日，商务部等 14 个部门发布《关于复制推广跨境电子商务综合试验区探索形成的成熟经验做法的函》，要求各地复制推广信息共享、金融服务、智能物流、电商信用、统计监测和风险防控等六体系，以及线上单一窗口和线下综合园区等两平台的经验做法。杭州综试区的"六体系、两平台"的核心架构和经验得到了极大的认可。

此外，借助政府资源推动传统制造企业以及广大中小企业与平台合作，共同开办系列项目合作成为区域转型发展的新模式。

以山东为例，2017 年 12 月 26 日，山东省政府与阿里巴巴集团在济南签署推进新旧动能转换全面战略合作协议。双方将首先以阿里巴巴国际站为阵地，通过"优商优品选育工程"的落地，共同开展新外贸合作，推动山东省外贸转型发展和经济新旧动能转换。

依托政企合作，山东的中小企业迎来了商品出海的新契机。中小企业外贸操作没经验怎么办？阿里巴巴国际站开展专题活动运营、线下培训和线上平台扶持，帮助山东外贸企业快速成长。品牌运营没资源怎么办？阿里巴巴国际站全力推进跨境电商 B2B 山东品牌出海、山东商品快速跨境销售等具体项目，对重点行业、重点企业提供网站资源，促进了中小企业进出口业务高质量增长……

在政策的支持下，中国广大制造业企业、品牌商开展外贸业务变得更快捷、更高效、更低成本。这不仅助力中小企业的发展,增加了地方就业机会,还通过电商实现转型升级,拓展全球市场,打造中国的全球品牌。

＊ 案例
政府助力外贸转型的"临沂模式"

政府如何助力"新外贸"发展?山东临沂市政府给出了漂亮的"临沂模式"。政府依托阿里巴巴的"数据应用＋本地化服务",将政府、外贸平台企业、生态第三方、临沂外贸企业建立多方联动,助力"新外贸"的"物理链接"发生"化学变化",帮助临沂中小微企业更轻松地实现全球化梦想,加速布局 eWTP 重要支点。

临沂市是全国闻名的物流之都,临沂市的物流网络覆盖了全国 1 800 个县级以上网点,并辐射了全球 30 多个国家和地区。然而,一直以来拥有物流和贸易基础优势的临沂,外贸业务却并不像内贸那样如火如荼。在国家新旧动能转化、进一步开放的新形势下,2017 年临沂市政府率先试水外贸转型,成为全国第一批和阿里巴巴签订战略合作框架协议的市级城市。

依托阿里巴巴资源和技术力量,临沂的新外贸征程就这样开启了。

外贸转型,首先是贸易人的心智转变,让潜在的贸易参与者更好了解、适应并接受"互联网＋外贸"的模式。为此,临沂市政府联合阿里巴巴举办了"框架协议发布会"，介绍并推广新外贸理念和模式，实现"新外贸，初放声"的预热效果，打响了外贸转型的第一枪。

新兴媒体对公众的认知冲击更大，也更容易在社会上引起反响。在临沂市商务局的牵线支持下，临沂电视台和阿里巴巴中小企业国际贸易事业部全国首创，共同录制了第一档"外贸真人秀"栏目。栏目第一季共4期，6位各具特色的新外贸人代表讲述了自己成功的出海模式和小而美的外贸发展故事，向全国推广了中小企业的出海大梦想。600多张现场录制票三天内一抢而空，实际到场外贸企业700多家，通过多轮的电视荧屏黄金时间段栏目播放，社会效应更加彰显，让这些优秀的模式不仅存在于文字，更成为一个个鲜活故事走进全国观众的心里，切实感受到临沂外贸转型的变化以及找到新外贸的机会和方法，极大地促进了"贸易人"的心智转变模式升级。

图 1.5　临沂"外贸真人秀"栏目

解决了"该往哪个方向做"的认识转变后，"下一步如何做"成为大家普遍关心的内容,临沂新外贸服务日的线下诊断沙龙解决了这个"收口"的问题。"潜在外贸人"可以通过电视和微信扫二维码等形式参与阿里巴巴组织的线下经验分享、专家授课活动,每场 40～50 人的小范围学习,高效地实现"潜在外贸人"向"合格外贸人"的培养和转变。通过学习大家也渐渐意识到,外贸并没有像之前想象那样门槛特别高,只要具有一定贸易基础就可以通过阿里巴巴一站式服务解决贸易环节链中的诸多问题,建立了探索尝试新外贸的信心和决心。

除了培育,还要扶优,在临沂市政府的背书和推动下,临沂市三区九县的"优商优品推介会"活动也得到各方力量的大力支持,借助山东省新旧动能转化,实现优商优品培育工程在临沂落地。十几场共计 3 000 多人参与其中,新外贸理念通过这种"下沉式"推广深入人心,高质量发展的理念也得以更精准的普及。

过程中遇到了不懂的问题?企业可以通过阿里巴巴客户服务中心随时获得线上答疑,依托临沂开放日的琅琊阁讲师团,还能定期定点得到线下培训;发展外贸期间缺乏人才?十余场落地企业双选会及 VIP 双选会,向临沂外贸企业输出外贸人才……这些线上线下综合交织的活动共同奏响了临沂新外贸转型的交响曲。

战略框架协议签署一年多以来,临沂市政府正在把一项项纸上内容变成一个个实实在在的活动、峰会和沙龙,落地有声地打造了临沂外贸的样板间。未来,临沂市将以行业为突破口,在建筑机械、柳编工艺品、建筑板材等优势行业突围,通过"数据沉淀服务 + 本地配套服务"打通供应链,加快融入 eWTP 和全球贸易体系当中。同时临沂市政府也将在优商优品政策倾斜、贸易线上流程优化等领域加速布局，帮助当地企业更加高效地实现新外贸转型，促进临沂经济实现更高质量发展。

新时代的贸易规则：eWTP 倡议

跨境电商正成为国际贸易非常重要的业态，中小企业逐渐成为其中的主体，但目前尚未有真正的以中小企业为主角而设置的国际规则。随着国际贸易碎片化、个性化、定制化、短单化和小单化时代到来，中小企业迫切需要一个真正属于自己，自由、公平、开放的贸易平台。eWTP 由此应运而生。

eWTP(Electronic World Trade Platform)，即世界电子贸易平台，这一概念由阿里巴巴集团董事局主席马云在 2016 年提出，简单来说就是通过建立一个平台，为全球的年轻人、中小企业创造参与全球化自由贸易的机会。呼吁顺应当前数字经济飞速发展的时代潮流，促进全球普惠贸易和数字经济增长，孵化互联网时代的全球化贸易新规则。

eWTP 是一个私营部门引领、市场驱动、开放透明、多利益攸关方参与的公私合作平台。eWTP 是中小企业在全球范围内重新制订贸易规则的基础，能简化通往消费者的渠道、大幅降低中小企业的贸易成本，中小企业参加全球价值链的门槛也会相应降低，此外，通过线上支付工具的应用，也可以为中小企业的现金流和营运资本带来帮助。

eWTP 生态体系将包括规则层、商业层、技术层三个层次。

一是规则层。各利益相关方共同探讨和孵化数字时代的新规则、新标准,如与电子商务直接相关的数字关境、税收政策、数据流动、信用体系、消费者保护等。

二是商业层。各相关方开展与数字经济和电子商务领域相关的商业交流合作,建立互联网时代的新型基础设施,如电子商务平台、金融支付、物流仓储、外贸综合服务、市场营销、教育培训等。

三是技术层。共同建立以互联网、大数据和云计算、物联网、人工智能等为基础的 eWTP 技术架构。

这三个层次密切相关、互为依托。规则层的讨论内容主要来自商业层和技术层的实践,其成果和共识又会促进数字经济商业合作和新技术的创新发展。

eWTP 倡议提出后,得到了国际社会包括联合国机构在内的国际组织、政府机构、工商界、智库学者的积极回应和高度认同。2016 年 9 月,eWTP 倡议作为二十国集团工商界活动(B20)的一项核心政策建议,被写入二十国集团(G20)领导人杭州峰会公报。

2017 年 3 月 22 日,阿里巴巴集团董事局主席马云和马来西亚总理纳吉布宣布,首个 eWTP 试验区在马来西亚落地,双方共同建设"数字自由贸易区"(eHub)。"数字自由贸易区"将被打造成物流、支付、通关、数据一体化的数字枢纽,成为发展数字经济的基础设施,成为马来西亚和东南亚中小微企业通向世界的窗口。同时,这些海外中

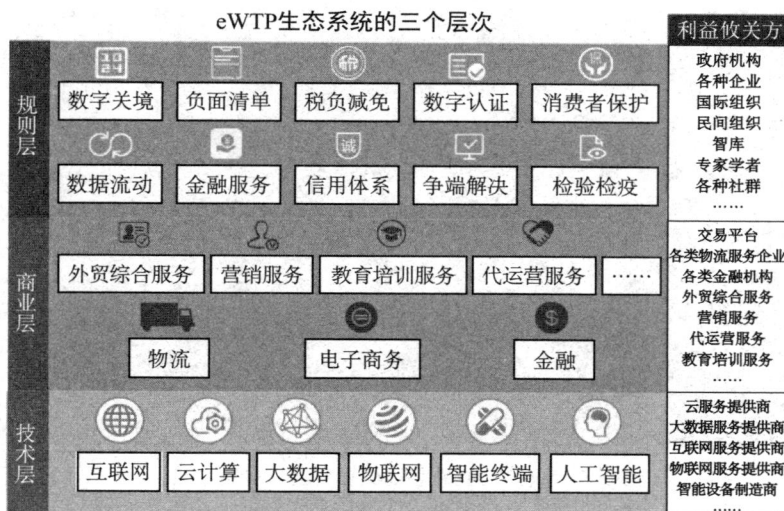

图 1.6　eWTP 生态系统的三个层次

小企业沉淀的真实交易和信用数据，能帮助他们获得更多的数据赋能和资金支持。

2017 年 10 月 30 日，马来西亚实验区诞生了中小企业出口第一单；一家马来西亚企业通过阿里巴巴国际站和一达通，把第一笔约 900 美元的半成品奶嘴出口到了中国，成了中国以外的第一个 eWTP 数字中枢，帮助当地中小企业首次通过互联网通路把本国产品卖到全球市场。

eWTP 的背后，是阿里巴巴打造的一个数字贸易基础设施平台，以国际站和一达通等阿里巴巴 B2B 事业群旗下业务为主要支撑。该平台的日益完善，对 WTO 拥抱电商和中小企业起到了"用坚其意"和

图 1.7　马来西亚数字自由贸易区（eHub）成立

定心丸的作用。跨国公司过去主要依靠销售代表在全球拓展销售网络，但现在通过阿里巴巴国际站等跨境 B2B 电商平台，就能将销售半径和服务步长高效且低成本地拓展到全球市场。同时，还能通过互联网把优秀中小企业吸纳到自己的全球供应链体系中。

　　正如国家主席习近平在 2017 年达沃斯论坛中所说的那样："当下的世界经济，早已不是谁唱'独角戏'，而是你中有我、我中有你，你离不开我、我也离不开你。任何国家只有融入世界经济大潮中，才能走出经济危机，实现经济可持续发展。海纳百川，有容乃大，包容性经济已经和正在成为世界经济的发展方向。"

　　中小微企业约占全球商业总数的 90％和就业人数的 50％以

上。① 中小微企业在促进全球就业、增加工作岗位、投资、创新和经济增长方面扮演着重要角色。中国企业在 B2B 跨境电商上的先发优势，让原本不被国际社会重视的中小企业，成了国际电子商务标准和规则的制定者。

"今后的 30 年我打赌，我们将会有 600 万或者 6 000 万的公司参与到全球化当中，而且我肯定，我们会把它变为现实"，马云在 2018 年达沃斯论坛如是说，而中小企业的全球买全球卖，正在一步步实现。

＊ 案例
马来西亚数字自由贸易区（eHub）

在马来西亚试验区，阿里巴巴 B2B 事业群主要提供三个层面的服务。

一是一达通联合菜鸟网络，帮有出口需求的马来西亚中小企业，提供物流、报关、收汇、结汇和结算等外贸刚需服务。

二是国际站给马来西亚企业提供信息展示、交易、信用保障和供应链金融服务，让他们提高效率，降低成本，实现交易的在线化。

三是提供信用保障服务。下一步，信保产品将在马来西亚落地。

阿里巴巴 B2B 平台除了能为中小企业提供通关、物流、外汇、退税、金融等所有进出口环节服务，还能帮当地中小卖家把散单集约起来，通过拼

---

① 资料来源：2016 年二十国集团领导人峰会（G20）公开的《G20 中小企业融资行动计划落实框架》。

单,让小卖家的货也能包上轮船和飞机。

原来中小企业要四处寻找一对一的单点基础服务提供商,有了阿里巴巴 B2B 提供的"单一窗口"模式,可以汇聚大量出口订单,形成集约化服务优势。

这些努力,让马来西亚中小企业开展全球贸易的速度大大提高,并在跨境、通关和结汇上能享受到技术和集约化红利,以及有保障的国际贸易服务。

第二章
DT 时代，外贸形态的嬗变

技术变革作为新的生产力，正在潜移默化地促进生活方式和生产方式的变化，生活方式和生产方式的变化引发商业形态和组织结构的变化，商业形态和组织结构的变化进一步对企业转型及人的能力提出新的要求。

互联网、移动互联网、大数据等技术革命带动社会全方位的变化，而在外贸领域的新一轮"生产力"和"生产关系"的较量中，发展的不平衡和不充分却广泛存在。

DT 时代，第四次技术革命

全球经济不断增长，但是领头羊却是瞬息万变。让我们看一看

2017 年全球公司市值榜单上的前十名①：

第一名，苹果，市值 8 858.88 亿美元，所属消费电子行业；

第二名，Alphabet，即谷歌的母公司，市值 8 251.05 亿美元，所属
互联网行业；

第三名，微软，市值 7 257.14 亿美元，所属互联网行业；

第四名，亚马逊，市值 6 756.09 亿美元，所属互联网行业；

第五名，腾讯控股，市值 5 724.75 亿美元，所属互联网行业；

第六名，Facebook，市值 5 517.97 亿美元，所属互联网行业；

第七名，伯克希尔-哈撒韦，市值 5 363 亿美元，所属保险行业；

第八名，阿里巴巴，市值 5 256 亿美元，所属互联网行业；

第九名，摩根大通，市值 4 035.96 亿美元，所属银行业；

第十名，中国工商银行，市值 3 900.66 亿美元，所属银行业。

通过这份榜单，我们可以看到了叱咤美国百年的金融巨头摩根大
通，由投资"教父"沃伦·巴菲特创建于 1956 年的金融投资"常青树"
伯克希尔-哈撒韦，以及来自中国的被网友称为"宇宙第一大银行"的
工商银行。而另一个值得关注的现象是，除了这三家金融企业，另外
的七家均为科技公司，并占据了榜单的前五名。而大家耳熟能详的谷
歌、亚马逊、Facebook、腾讯和阿里巴巴，这些典型的互联网公司，占据
了榜单的半壁江山。

---

① 引自《砺石商业评论》于 2018 年 1 月 28 日发布的全球企业市值 100 强。

让我们将时光拉回到十年前。2007 年，全球市值最高的公司分别是埃克森美孚公司（ExxonMobil），通用电气、微软、中国工商银行、花旗集团（Citigroup）、AT&T、皇家荷兰壳牌（Royal Dutch Shell）、美国银行（Bank of America）、中国石油和中国移动。如今，这些实业巨头已经一个个被互联网公司所超越，这些巨大的变化，充分说明了互联网带来的巨大威力。在互联网时代，市值已经替代收入与利润，成为衡量企业价值以及未来成长潜力最好的标尺。

人类已经进入了数字经济的时代！从工业时代到信息时代，从 IT 时代再到 DT 时代，技术的发展不仅仅是单点的应用，而是渗透生活方方面面的基础设施的变化。不仅是生活方式的变化、生产要素的变化，渐渐地，"PC ＋"发展到"互联网 ＋"，"有线 ＋"发展到"无线 ＋"，数字经济遍布生产、工作、生活的点点滴滴，数据驱动着你看什么新闻、买哪些产品、开辟哪些市场、如何开展生意……全新的贸易模式和商业形态，成为 DT 时代的社会景观。

技术升级："IT 技术"到"DT 资源"

回顾科技进步史以及人类近代史就会发现，技术是推动社会进步的源生动力，不断地重塑商业形态。

第一次科技革命是体能的释放，是让人的力量更强大。人类发明了蒸汽机，大规模机械化生产的工厂改变了原有自给自足式的家庭作坊，释放了人类的体能，标志着农耕文明向工业文明的过渡。

第二次科技革命是对能源的利用,使得人可以走得更远。这一阶段发电机逐渐取代蒸汽机成为新的动力源,使得电力技术得以充分运用,促进生产和资本的集中,推动现代企业发展壮大。

第三次科技革命是一场信息控制技术革命,微型计算机迅速发展,电子计算机得到广泛应用。以往的科技革命,促进了生产技术的不断发展,但这次信息技术革命,同时还促进了劳动者素质和技能的不断提高,使得全球信息和资源交流变得更为迅速。

这一次,我们将从信息技术(Information Technology,简称 IT)时代迈向数据技术(Data Technology,简称 DT)时代。大数据、云计算、互联网、智能终端的应用,让数据像水、电、石油一样,成为个人的生活设施、企业的生产资料,以及未来经济社会的新基础设施。

每一次技术革命一定会对传统的生产关系带来一定的冲击,每次技术革命都是人类进步的一个重要里程碑。数据的运用不仅极大地推动了人类社会经济、政治、文化领域的变革,也影响和改变了人类的生活方式和思维方式;人类的衣、食、住、行、用等日常生活的各个方面也在发生了重大的变革,而未来的生产力就是计算能力,以及以数据为基础的创新能力。

角色转换:"生产为王"到"需求驱动"

生产力的发展,将带来生产关系的适应。DT 时代,首先是对人类思维方式和思考方式的改造。要明白这种变化,必须从 IT 和 DT

的区别入手。

第一个区别在于，IT 和 DT 发挥的作用不同。

IT 时代，以信息节点为中心，解决的是信息不对称的问题。通过工具可以获取丰富的信息，降低信息门槛，消除信息鸿沟，从而使大家能够化解信息不对称带来的问题。

就拿做生意来说，曾经阿里巴巴国际站，就是将线下的生意"线上化"，消除了卖家和买家的信息鸿沟。我们可以直接看到图片和商品信息，利用搜索方便地比较出同类产品的价格，不会"被蒙"，同时可以迅速地找到诸如左撇子工具、大码女装等小众产品……基于信息技术，我们方便地建立起了增进了解的桥梁，扩大了判断和决策的信息集。

但这是"中心化"的信息模式，解决了信息不对称，却不能打破供需不平衡。我们找到了产品的供应商，但是真的能提供个性化的零部件吗？找到了地球彼岸的客户，但生产的不防水假发产品真的适合那些整日喜欢游泳冲浪的客户吗？归根结底，生产出来的产品不能满足客户个性化的需求，IT 时代的应用并不能改变供给和需求的不均衡。通过信息匹配的方式，不能根本解决产品和服务供需之间的矛盾。

而 DT 时代，正如阿里巴巴国际站由信息平台开始转变为交易平台，数据为"供给侧改革"提供手段，这一问题正在拨云见日，逐渐由"生产为王"转变到"需求驱动"。

相比于信息时代的"千人一面",如今是"千人千面"的需求。个性化的需求对产品供给带来巨大的挑战,信息化却不能够从根本上解决产品供需不平衡的状态。个性化需求很大,长尾形态很多,但是供给却是由生产决定的,信息媒介和平台可以降低供需摩擦,但是永远不能使得供需完全匹配。举例来说,"线上化"让更多人了解到我有这么一个产品,但不代表他们都会需要我的产品。因此从根本上扭转供给端,必须拥有 DT 思维。

用 DT 思维解决供给侧的方式,就是对整个需求信息数据进行动态呈现。2017 年的流行色是紫色,大家都爱玩王者荣耀,特朗普总统在推特中发明了"Covfefe"一词……于是推特第一时间掀起一场猜字狂潮,大数据显示"covfefe"被推上热搜榜第一名:"人生就像一串特朗普的推文,你永远都不知道下一条是啥"成为当时最受关注的议题之一。特朗普作为美国总统带来的焦点、热点与"90 后"、"00 后"带来的无限遐想空间和娱乐效果,激起了设计师的小心思,就这样,商机来了。

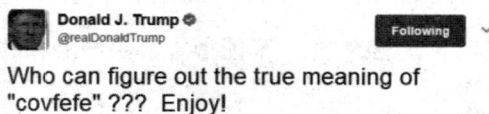

Donald J. Trump ✔
@realDonaldTrump
Following ∨

Who can figure out the true meaning of
"covfefe" ??? Enjoy!

图 2.1　特朗普在推特中发明了"Covfefe"一词

通过数据智能分析,供应商能够很快对当下的热点和需求做出反应:基于大数据技术分析和市场预测,进一步调整和改变产品的

图 2.2 "covfefe"热点产品

设计和供给，通过"智造"实现整体的供需匹配。此外，深入毛细血管的数据支持使"千人千面"成为可能，商家可以根据买家年龄、地域、关注领域、折扣偏好等热门标签为其推荐商品，大大提升交易转化率。

显然，产品供给的改变满足了买家个性化的需求，同时也创造了买家的需求，实现了"生产为王"到"需求驱动"的转变，以及"制造"到"智造"的转变。

思维变革："自我中心"到"互利平等"

IT 和 DT 的第二个区别在于思维方式的不同。

IT 时代，信息以自我为中心而存在，信息发布者和信息使用者是两个完全不同的角色。比如，商家发布商品，是信息的发布者，而该发布的信息是被线上的买家所接受和使用。如果想要改变商品的接受面和竞争力,只能通过商家自身改变产品线和产品样式,或者增加产品发布种类和渠道。这种方式靠的是商家以自我为中心的单打独斗的方式,每一步的进展都需要自身力量的推动。

DT 时代,商品数据使用者的买家也成了交易和商品大数据的生产者和贡献者,静态的信息供给变成了动态的信息互动。例如,摩拜单车这种共享单车企业,除了投资大量智能自行车设备以外,还通过车内的导航定位设备,记录每一位使用单车的消费者的骑行路线,使得社会化力量成为实时、动态的通勤信息,用量信息,以及交通信息的提供者。共享单车的交通信息来自公众自发的供给,使得成本和效率大幅提升。通过共享单车大数据的动态处理和运用,反过来为单车投放、公共交通设备供给等提供依据,不仅解决公众"最后一公里"的通勤问题,还能形成智能化的交通线路规划,真正实现了"人人为我,我为人人"。

IT 时代的信息供给是内化和封闭的,是中心化的信息服务,使得政府、大企业能够在经济社会发展中发挥主导作用。而 DT 时代的信息供给则更为利他、共享和去中心化,更强调开放、透明。DT 时代强大的计算能力将会更加激发大众和小企业的创造力,源源不断地挖掘信息的社会价值。

外贸发展的三个新趋势

互联网化推动的外贸模式不断变化，当前跨境贸易呈现多国化、无线化、在线化三大趋势。

多国化

互联网推动普惠贸易的发展，这种普惠在贸易对象上体现得淋漓尽致。过去，欧美国家是传统贸易大国，占据全球贸易的半壁江山，而当前，小语种国家、新兴国家在互联网化的推波助澜下订单量快速增长，全球贸易体现出多国化的特征。

以阿里巴巴国际站为例，2017 年国际站每天千万级的买家流量来自全世界 200 多个国家，全球买家数同比增长 28％。其中美国排名第一，占比 19％，印度排名第二，占比 7％，第三和第四名分别是英国和加拿大，占比约为 4％，紧随其后的是俄罗斯、澳大利亚和巴西，占比 3％左右，这些前几名的国家占比差距正变得越来越小。

从增速来看，活跃买家增长最快的国家是印度、越南和尼泊尔，增速分比为 87％、75％和 74％。多国化也对商品和服务提出了不同的要求：中小国家的供应商应逐步打破专注英语网站的认识，在语言人才培育、资源投放方面更加重视各种小语种的布局。商机真正的到来源于小语种国家所使用的端口模式的整体培育和升级，耕耘需要时

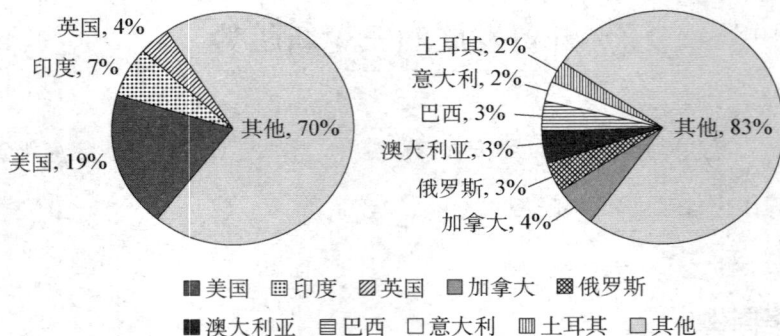

图 2.3　阿里巴巴国际站千万级买家流量分布

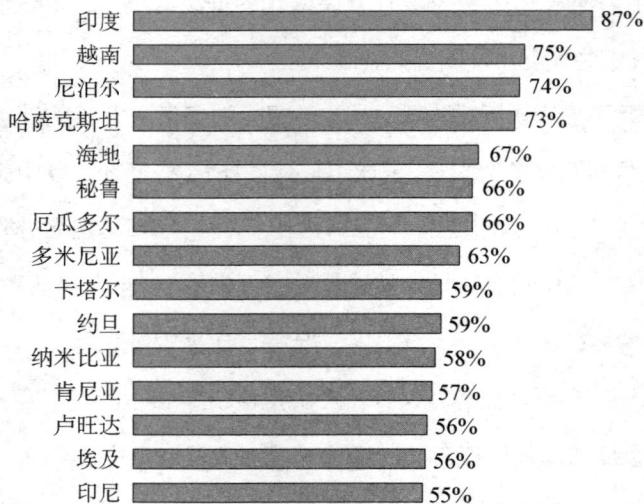

图 2.4　阿里巴巴国际站活跃买家数同比增长 TOP15 国家和增长率

间，但这必将是一片蓝海。

无线化

2017 年天猫"双 11"交易额达 1 682 亿元，同比去年增长 39.4％，其中，无线端占比高达 90％，而 2016 年无线端成交占比为 82％，2015 年这一数据为 68％。当传统的消费转变为通过无线端完成交易时，这一趋势必然会传递到外贸环境中。

互联网的发展，流量入口很多，无线化是重要趋势。

无线用户高速增长。通过将阿里巴巴国际站 2015 年、2016 年两年的无线端与 PC 端的用户成长速度进行比较，可以发现无线端的增长速度远高于 PC 端，2016 年用户增长达到 90％，贸易方式逐步转向移动化。对比 2017 年底与 2016 年底，阿里巴巴国际站活跃买家访问终端模式来看，PC 端访问阿里巴巴国际站的用户数量下降了 29％，APP 端活跃买家数量同比增长 52％，月 DAU(Daily Active Users，日

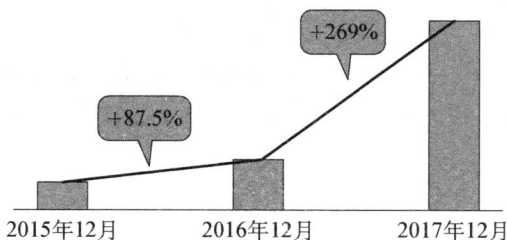

图 2.5　阿里巴巴国际站无线端(APP)月均 DAU
　　　　同比增长对比

活跃用户）同比增长 269％。很多买家会从 PC 端和无线端同时访问 Alibaba. com，甚至更多买家仅采用无线端的方式。无线用户的高增长，体现了贸易群体年轻化和贸易时间碎片化的特点。

无线用户更加活跃。APP 端更简明、清晰，可以促进买家行动，提升无线下单体验，使用手机作为外贸采购端口的买家越来越多，使用无线端设备的买家活跃程度平均比 PC 端的高出 48％。无线化的买家采购行为和 PC 端买家存在差异。对于卖家而言，重视无线端产品的发布以及产品的服务，利用无线化场景，完成无线买家沟通，挖掘无线端买家特点和行为趋势将是未来企业的重点。

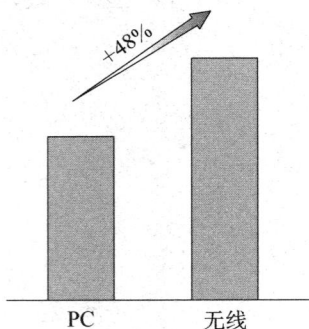

图 2.6　阿里巴巴国际站无线端买家与 PC 端买家活跃度对比

在线化

传统贸易中的环节包括供货商、出口商、进口商、各级分销商、超级零售商以及海外买家，链路冗长。互联网化让更多全球各地的买家更容易接触中国的制造商，从而带动整个贸易链路的"去中间化"。

以美国为例，美国零售市场总体量巨大，年销售额近 5 万亿美元，总体零售市场年均增长率为 6%；与此相对应的是，美国在线零售增长迅速，年增长率约 15%，远高于零售市场增长率。此外，美国在线卖家总共约 1 000 万家，有跨境采购需求的零售商目标群体超过 100 万家，涉及跨境采购金额约 300 亿美元以上，在线化"发力"显著。

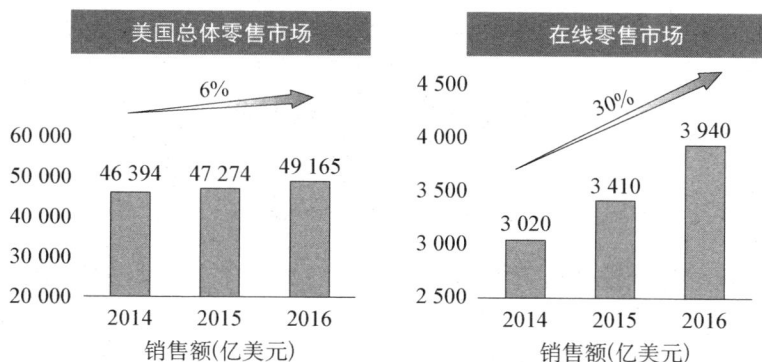

图 2.7　美国总体零售市场与在线零售市场数据变化

在线化模式下，原本零售商通过批发商进货，但现在直接通过互联网找商品，直接通过中国供应商进行采购，跳过了原本冗长的传统链路环节。这种在线化也为零售商带来了更为丰富的产品种类：通过直接采购接触到更为丰富的来源国产品，甚至可以选择个性化订购。

未来，"去中间化"使得销售渠道扁平化，中国供应商的买家将更多地从进口商、批发商、分销商转变到终端零售商。这将带来商品特征的改变，小单化、高频次、体量更大将成为其特征，零售市场将主宰着全球的消费市场。

如何让订单量越来越大？诀窍将会表现在回单和返单中，企业品牌和信誉将成为未来商业的通行证。供应商需要在商品、服务能力和生产能力上做出相应的调整。

新技术重构外贸形态

DT 时代的模式与理念正逐渐推动国际贸易形式的变迁，人工智能、物联网、VR（虚拟现实）/AR（增强现实）等前沿技术走到广大消费者身边，对人们生活方式带来极大改变的同时，对工作方式和工作效率也产生影响。

随着全球电子商务的爆发式发展，国际贸易主体和形态、商业模式、组织方式都在发生重大变革，逐渐颠覆传统贸易的形态特点。

对于传统外贸，形态上可以概括为"集装箱式"、"链条式"、"人情关系式"三个特点：

（1）"集装箱式"外贸形态，跨国公司为参与主体。传统外贸方式中，跨国公司以其资源优势扮演着重要角色。大公司在外贸方面具有绝对话语权，贸易往往趋于规模化、同质化，同时具有贸易金额大、频率低的特点，大集装箱则为货物贸易的主要载体。

（2）"链条式"外贸形态，贸易流程多、环节长。传统外贸从订单、发货、报关，到结汇整个流程都在线下完成，中间经过国内外外贸商、经销商的层层分销才能从生产商到达买家手中，链条环节长而缓慢。国际贸易是一个直线的漫长的链条。

（3）"人情关系式"外贸形态，互为竞争的外贸关系。传统的外贸模式中，一个中间贸易商只能服务少数的几家生产企业，并将产品销售给某个批发商，人情关系是维系客户的主要方式。同时，不同外贸商之间互为竞争关系，低廉价格则是最主要的竞争优势。

在新技术的改造下，传统外贸的模式正逐渐被重构。

"小而美"形态特征

DT 时代，"小而美"的外贸形态正逐渐改变原先"集装箱式"外贸模式，为外贸领域注入新的活力，这种"小而美"则包括以下几个层面：

买卖主体"小而美"。大量中小微企业，甚至个人商家通过互联网平台将商品卖向世界各地，与传统的以大型企业和贸易公司为主导的全球贸易形成鲜明对比。这些"小而美"的企业打破了全球供应链中跨国企业的垄断，平等直接地参与全球商业活动。那些具有开拓创新精神的年轻人、小型企业，将越来越多地在全球经济贸易、就业创新中发挥重要作用。另一方面，全球买家也呈现出"小而美"的趋势特点。阿里巴巴国际站抽样调查数据显示，小型买家规模占总买家规模的比重高达 85％,其中微型买家比重为 74％。

* 案例

跨境贸易市场趋势——以阿里巴巴国际站为例

根据阿里巴巴国际站用户后台数据以及相关抽样调查,整体跨境贸易市场表现出三个市场趋势:

● 零售商、批发商占比增加。零售商、批发商为主占比 46％,工厂占比为 21％,贸易公司占比为 20％。

● 买家规模小型化。交易金额小于 50 万美元的小买家占比为 85％。50—500 万的中型买家占比为 11％,而交易金额大于 500 万美元的大买家占比仅为 4％。买家规模的小型化导致买家寻源习惯发生变化。

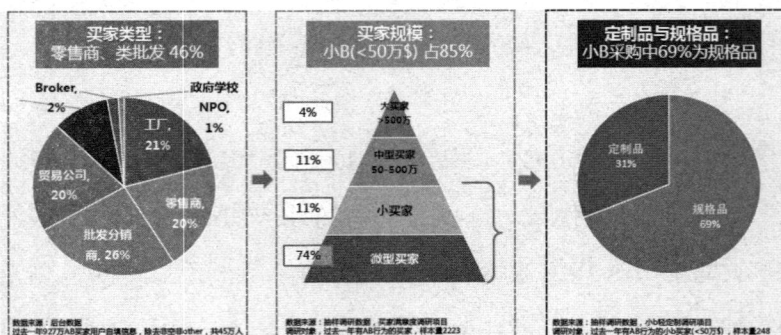

图 2.8 阿里巴巴国际站整体跨境贸易的市场趋势

资料来源:阿里巴巴国际站用户后台数据以及相关抽样调查

● 产品需求中规格品占比高。小型买家(小 B)采购中 69% 为规格品,定制品占比为 31%。

贸易内容"小而美"。随着互联网和移动互联网的兴起,企业逐渐从线下贸易转变为线上贸易,国际贸易中跨境电商的比例迅速攀升,更为年轻的买家、更多利用碎片时间的无线化的交易,促使国际贸易呈现小单化、高频次、个性化定制的新特点。小单化、碎片化时代,订单总量并不会减少,只是贸易习惯和贸易方式改变后,订单被拆分了。同样,作为供应商,如果有几十个,甚至成百个订单后,其依然能够拥有渠道的话语权。

* 案例

海外买家新画像

根据阿里巴巴国际站用户的问卷调查,海外买家具有以下几个新特点:

● 年轻化。2014 年,35 周岁以下买家占比为 30%,而 2017 年,这一比例上升至 60%,三年间增长近一倍。

● 无线化。日均活跃买家中,使用移动互联网的用户高于使用 PC 的用户 50%。

● 小单化。在对美国买家的调研中,在线小型零售商成为贸易主体。

被调研买家中,2015年线上中小零售商数量为1 562.3万个,比2007年的
1 047.7万个高出约49%;而传统中小零售商数量不断减少,2015年约为
4.88亿个,比2007年的5.41亿个减少了10%,呈现出大型订单碎片化、
订单逐步小型化的特点。

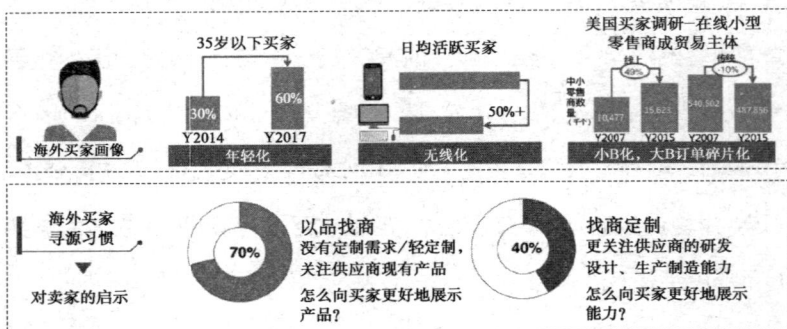

图2.9　海外买家新画像

资料来源:阿里巴巴国际站用户研究调研

组织架构"小而美"。在组织架构与运营模式方面,企业可以结合
自身经营情况,根据数字化转型的程度,灵活设置数字化部门,并通过
组织架构优化解决职能部门协调问题。运营模式方面,依托数据挖掘
新的产品需求趋势和技术趋势,注重平台化与小团队快速反应,灵敏
应对市场变化。依托互联网的纵向切片,利用大数据挖掘以及小团队
的灵敏优势,每一家企业都可以做到全球第一,做到全球知名,这在原
来是不敢想象的。

迭代创新"小而美"。依托人工智能、大数据和云计算等技术,企

业可以先从"小数据"入手,持续锤炼数据在商业经营中的应用能力。以人工智能为例,美国国家独立商业联合会(The National Federation of Independent Business,NFIB)表示中小企业已经开始关注这一趋势,其中59%的中小企业正在积极了解和应对人工智能对企业经营可能带来的变化。通过在品牌挖掘、效率提升、消费体验等方面的"小创新"的不断迭代,逐渐形成企业自身的个性竞争力。小单化时代,依托大数据,商家交付的产品将更加广泛。一方面,商家可以根据客户要求确定款式,进行微定制;另一方面,商家还可以为更好地满足客户需求而进行产品创新。

* 案例

阿里巴巴的"科技赋能"

● 沟通无国界

2018 年 1 月的 CES(International Consumer Electronics Show,国际消费类电子产品展览会)上,阿里巴巴国际站对一款 AI 实时语音翻译工具做了现场展示,吸引了现场数千位参展人员的关注。目前阿里集团的机器翻译提供全球 21 种热门语言、43 个语言方向翻译服务,包括中文、英语、俄罗斯语、葡萄牙语、西班牙语、印尼语、泰语等热门语种,覆盖电商购物、日常社交、海外旅游等多个应用场景。依托领先的自然语言处理技术和海量的互联网数据优势,阿里巴巴成功上线基于注意力机制的深层神经网络翻译系统(NMT),帮助用户跨越语言鸿沟,畅享交流和获取信息,实现无障碍沟通。

阿里机器翻译为集团旗下高达 7 亿量级的商品服务,从多语建站、引流拉新、到站搜索、用户转化到复购留存环节,搭建起一套完整的电商全链路解决方案。为 SEO(搜索引擎优化),搜索、商品标题、商品详情(类目/属性/描述),商品评论、实时沟通和审核风控等电商基础数据领域都提供了全面的翻译服务,解决了各个国家用户对商品相关信息的基本阅读需求,每天能够提供近十亿级的在线翻译服务,每秒提供上万 QPS(每秒查询率)的语句翻译。2018 财年,累计将为阿里集团内部提供约 3 000 亿次机器翻译服务。

目前,翻译工具也在阿里巴巴国际站上线,可以为供应商提供 6 个语向的实时在线翻译服务。服务使用深层神经网络机器翻译系统,应用业界最新翻译框架 Transformer,采用多种人工智能训练方式,包括领域自适应技术、多模型融合的专家系统等。这就意味着在不需要增加额外人力成本的基础上,沟通效率可以得到大幅提升,卖家更准确地理解买家需求,及时给予反馈,同时可以把更多的精力用在提升服务质量和交付上。另外,阿里巴巴国际站的商品详情信息可以被同时翻译成 16 种语言,同步到阿里巴巴国际站多语言站点,现在已经有超过 1.7 亿商品。

- 验厂跨时差

多媒体形态已经在 B2C 电商平台发生。天猫 2017 年和 2016 年"双11"对于多媒体播放量的增速高达 76 倍,呈现爆发式增长。Hubspot 对消费者行为调查也证实了这一趋势：相对于仅有三成的用户会阅读完图文类型的信息，超过一半（55％）的用户表示他们会完整地观看视频内容。如果想让内容信息更好地被用户接收，视频已经是首选媒体形式。

以视频为主的多媒体信息，也正在改变企业经营和人们日常工作中获取信息的偏好方式。根据 Forbes 最近的一项研究，视频信息正在成为管理者决策信息的重要来源：超过 80％ 的人表示，他们现在观看的在线视频数量比一年前多；75％ 的受访管理者表示，他们至少每周都会在与商业相关的网站上观看有关工作的视频；而 65％ 的受访管理者在观看视频后访问了该供应商的网站以了解更多信息。

跨境 B2B 电商平台对于多媒体类信息的使用也将加大力度。对于海外买家而言，多媒体的信息，不仅是视频，还包括 AR、VR、360 全景等更多新型媒体形式，能够帮助他们更全面和快速地了解供应商和商品，减小由于时间和距离带来的隔阂。而供应商通过多媒体来丰富内容展现形式，吸引买家的注意，提高买家对内容的接收深度和准确性。对于平台而言，则需要提供全内容制造链条的支撑，帮助供应商快速具备多媒体营销的能力，更快适应这个转变。阿里巴巴国际站从 2018 年开始支持信息的多媒体展现，鼓励供应商上传视频、动图、全景图等形式的内容。目前平台上使用产品视频的商家达 5.7 万，在超过 520 万种商品的详情页面，海外买家可以看到视频形式的产品介绍。

● 互动零距离

同样也是在 2018 年的 CES 上，阿里巴巴国际站与美国的电子器件协会联合,把 CES 现场通过直播的方式呈现在互联网上。除了 CES 现场的 17 万人可以看到供应商和展会商品以外,全世界范围内数以千万计的买家可以在同一时间点远程地"参与"展会,在第一时间看到展会的商品,跟参展的供应商互动,沟通商机,甚至下单交易。这一次线上线下联动的尝试,一共覆盖了全球 85 个国家,第一次实现跨境 B2B 电商的"边看边买"。直播过程中,商品询盘提升最高达到 8 倍。直播效果最好的供应商在 4 天的展会里,共获得 113 个询盘。

后续,线上展会的形式也会被应用到阿里巴巴国际站日常的活动中,让供应商有更多的机会隔空与全世界的买家互动,展示中国供应商的实力,更高效地获取商机。

案例来源:阿里巴巴公开资料

"平台化"组织结构

DT 时代,"大平台 + 小前端"将有望改变传统"链条式"的外贸特点,成为全球商业组织的重要形态,这也意味着平台化的组织方式的兴起。

各类型电子商务平台快速崛起之后,投资、就业、创业、服务等越来越多的商业组织朝平台化发展,将全球海量企业、买家和服务商紧密连接在一起。

平台化的组织方式使得商业组织关系打破"链条式"多环节模型,由"垂直"走向"扁平":

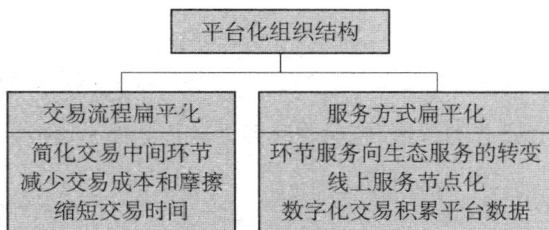

图 2.10　平台化组织结构示意图

（1）交易流程扁平化。传统的贸易链路当中从供货商供货开始，还有出口商、进口商、各级分销商、超级零售商以及海外买家，整个链路有非常多的参与者和环节。而互联网的"去中间化"效应能够让中国供应商们直接面对采购商背后的各级代理商、零售商买家，买卖双方依托平台不仅可以完成交易过程，还可以实现动态交流和互动。

扁平化的交易流程简化了中间环节，使得贸易方争取更大的利润，买家获得更为低廉的价格。扁平化的交易流程能够减少交易成本和摩擦，缩短交易时间，提升交易效率和流畅度。此外，扁平化的交易流程能够使得商家与全球海量买家建立高效、动态的供需互动，商家可以直接感知市场需求、快速创新产品，从而丰富产品和服务个性化供给，提升外贸整体满意度。

（2）服务方式扁平化。扁平化的平台模式使得外贸服务方式由环节服务向生态服务转变。

传统外贸下，进出口代理商、线下零售商等中间环节链条长、环节多，构成"链状模式"的商业结构，而营销、物流、通关和售后等服务都是针对链状环节中的节点展开。

基于平台的对外贸易,中间环节不再作为买卖双方达成交易的中介,原先线下完成的营销、售后等服务会转移到线上,物流、支付等职能转由基于平台的服务提供商完成。

尽管依托平台的服务模式将打破原有的链条式垄断,但扁平化的服务方式将获得更广阔的线上空间。数字化交易所产生的海量数据,将通过处理和分析更好地用于管理、分析、开拓市场、产品创新,同时,信息安全、产权保护、买家推广、咨询培训等新兴增值服务将开拓出广阔的空间,为广大中小企业和买家带来专业化的外包服务,依托平台形成贸易生态系统。

"生态圈"协同互惠

DT 时代,数字化进程使外贸行业的线性供应链体系向网状的互联互通网络转变,平台化的组织形式带来协同方式的巨大改变。

首先,平台化外贸组织形式,打破小范围"人情关系式"的外贸形态,使得商业和贸易资源的大规模合作、协同共享成为可能。传统外贸的"链条式"线性供应链体系,受到资源、厂房和市场在时间、空间层面的隔离与不平衡的影响,相互协同会产生高额成本,同时也会面临规模"天花板"的限制,难以形成大规模协同。

平台化的商业形态突破了传统贸易协同的边际,实现资源爆发式整合。以 2017 年为例,阿里巴巴国际站为超过 13 万家外贸企业实现线上交易以及完成交易数据沉淀。金融方面，为 1.3 万家企业提供金融服务，累计放款 1.6 万笔，累计金额达到 33 亿元；物流方面，有 3.6 万家企业使用菜鸟物流服务实现物流全程可视化；人才培养方面，通过"百城千校"计划，帮助企业招聘人才 3 000 多人，实现学生就业 6 000 人；企业生态圈服务方面，依托第三方资源，为 6.2 万家企业提供服务，8 万家外贸企业通过线上学习实现学习成长。

图 2.11　2017 阿里巴巴国际站平台服务

与这些亮眼的数字相比，传统线下活动带来的商业协同黯然失色，互联网突破实体空间的天然限制，将线上与线下充分对接，这种大规模协同与共享所产生的能量将远远地把传统分工模式甩在身后。

其次，大规模商业要素协同，打破低价竞争关系，促成以分享、包容、自由为核心价值的"生态圈"价值共创。平台化组织形式突破传统的工业化分工结构，利用数字化手段使得供应链各个节点形成网状互联,形成围绕买家需求展开的价值共创。

数量超过亿计的超大规模的协作,必然引发生产、交易、消费结构的质变。围绕平台的全球大生态系统圈中,涵盖了 B2B、B2C 和 C2C 电子商务形态,包括了贸易、物流、支付、征信、信保、金融、生活服务、商务等商业的各个方面,涵盖互联网、大数据、云计算、人工智能等新技术要素。企业通过融入生态圈,加入商会和协会,学习分享优秀的管理经验和企业文化,避免同行之间的恶性竞争,形成注重品牌、注重质量、注重服务的外贸新气象。

外贸轨迹:汗水驱动、信息驱动到数据驱动

新技术带来外贸商业模式的嬗变,由此我们可以看到不一样的外贸气象。这个过程中,贸易轨迹经历了三个阶段。

外贸 1.0: 汗水驱动

传统外贸模式中,人情关系是维系客户的主要方式,企业则往往通过价格低廉来取得客户。此时的贸易障碍在于信息的不对称,生产什么? 客户在哪里? 中间环节找哪些服务商合作? 由于贸易链条很长,各个环节间的搜寻、协调、签约、运作都会产生相应的交易成本。

这个阶段,企业需要不断通过展会来搜寻彼此,通过频繁的跨境交流来彼此了解、接洽供需。因此,外贸 1.0 阶段是不折不扣的汗水驱动的贸易。

外贸 2.0：信息驱动

随着互联网技术的发展，外贸进入了 2.0 阶段。信息技术的发展使得交易双方能够通过互联网平台低成本发布供需信息，达成交易意向，从而克服信息不对称的障碍，缩短了外贸链条。

例如，为了向贸易双方提供网上交易服务，1999 年阿里巴巴电商平台应运而生，平台买家逐渐覆盖到 220 多个国家和地区，通过第三方互联网平台不仅可以实现国内贸易，还能够直接把中国产品卖到国外，使得微型企业甚至个人也可以通过平台参与国际贸易。国际贸易平台的出现已不仅局限于发达国家、发展中国家，甚至非洲的贫困地区都出现了国际贸易平台。非洲著名电商平台 Jumia，在非洲喀麦隆、埃及、加纳、科特迪瓦、肯尼亚、摩洛哥、尼日利亚、乌干达和坦桑尼亚九个国家以及英国都深受欢迎。

然而，信息驱动下的外贸 2.0 解决了"信息不足"问题，但依然不能解决"信息高能"的问题。企业在面对海量冗余信息时，依然难以"为我所用"。这背后需要克服的是有关信息的三块短板：

（1）信息冗余短板。互联网上可以零成本地发布信息，大量交易和撮合下产生的信息具有碎片化、高频率的特点。信息需要高成本的匹配，如何有效地在海量信息中删除冗余信息、筛选出适合自己的信息成本较高。

（2）信息转化短板。信息如何才能在贸易中转化为生产力，除了降低交易摩擦外，更重要的是对企业"赋能"，只有经过处理后的真实的、有用的信息才能体现出生产力价值。例如,交易双方达成交易需要彼此信任,交易平台中自发的信息发布却难以为远在地球彼岸的交易对方提供信用支撑。再比如,国际贸易常常需要开立信用证,依托平台的贸易小伙伴是否能通过"信息历史痕迹"向对方和银行展示信用实力,从而加速交易达成并实现融资便利化,等等。

(3)信息分散短板。电商平台处理的信息量远远高于传统模式下的代理商,但在交易过程不仅包括交易数据,还包括交易的末端,分散的商品的物流信息、融资信息,报关、检查和退税环节的信息。只有当所有交易信息汇集到一起,才能形成贸易信息的完整画像,从而真正利用信息降低贸易成本。

信息流、资金流、货物流在移动互联网技术背景下将呈现出小型化、碎片化、高频化的特征,如果没有对信息的高效匹配和整合,信息驱动的外贸虽然缩短了部分外贸链条,但将同样面临高昂的交易成本问题。

外贸 3.0:数据驱动

海量信息下,未来的外贸发展方向以精准匹配为特征,数据驱动的外贸 3.0 能够充分克服外贸 2.0 下的信息短板,通过巨量供求方数据的沉淀和大数据运用,实现"数据赋能"。

通过云储存和大数据的生成和应用,盘活海量、分散、闲置、富余的各种数据资源,完成外贸从"汗水驱动"向"数据驱动"的转换。这种驱动不仅仅是省去不停寻找客户的人力成本,还对商家进行了信用赋能。

＊ 案例
阿里巴巴国际站的"数据驱动"

DT 时代，阿里巴巴国际站正在成为一个数字贸易基础设施平台。

前端，针对跨境电商卖家外文服务不熟悉的问题，阿里巴巴国际站提供一小时询盘回复和在线实时翻译，降低了买卖双方沟通成本和信任成本，提高了询盘转化率；对于非"面对面"交易的客户信任问题，通过信用体系建设及信用外显等服务为买卖双方降低信用成本。

中端，国际站通过对卖家分层，提高了买卖双方的精准匹配度，更快促成交易。中端，通过信保产品，解决整个交易过程当中的履约保障问题；买卖双方也能通过积累的信用数据，获得国际站提供的赊销和供应链贷款等服务。

末端，为解决大部分中小企业不仅清关慢，而且很难享受到退税服务、结汇成本高的问题，阿里巴巴推出"一达通"，使得"关税汇"的每个环节一小时就能完成。一达通的"单一窗口"模式，可以通过"集单"模式完成出口，成功解决中小企业过去开展国际贸易时需要四处寻找"一对一"的单点服务商的问题。此外，一达通会联合菜鸟物流，帮助中小卖家把散单集约起来，通过拼单，让小卖家的货也能包上轮船和飞机，从而享受到过去只有国际巨头才能享受的物流服务和价格。

新趋势下的转型困惑

在技术不断变革的环境下,外贸企业正面对三种外贸模式的选择:保持传统线下做外贸,即外贸 1.0;依托外贸电商平台线上做外贸的 2.0 模式;以及数据驱动下,参与到全球贸易大生态中的外贸 3.0。事实上,国内大部分外贸企业,包括加工企业和贸易企业在内,仍停留在线下传统贸易 1.0 阶段,在理念、技术和模式上远远落后于数据技术时代的要求。

新技术冲击下将改变外贸模式,传统外贸将面临更为艰难的生存环境,转型成为必然。

"穷",传统成本优势不再

经历中国加入 WTO 以来外贸出口的快速发展,中国传统外贸红利期逐渐消失,外部外贸出口不景气,加之内部原材料、人力等成本的不断上升,使得企业成本优势不再,订单的获取越来越困难。

一方面,生产成本比较优势不再。根据波士顿咨询公司(BCG)的《全球制造业转移的经济学分析报告》数据,21 世纪以来,全球前 25 位的出口制造业国家工资普遍出现了上涨,但是相对于其他经济体年均工资增长率仅为 2%~3%,而中国的年均工资增长率高达 10%~

20%。能源方面，过去十几年，中国的用电和天然气成本上涨将近70%和140%左右。中国已失去低成本优势。

另一方面，在产业转型升级背景下，中国的土地以及外资优惠政策上的优势逐渐降低或减弱，外贸企业面对东南亚和印度等国，其价格优势已经不复存在，加工制造领域的订单向成本更低的国家转移的趋势不可避免。

转型维艰，面对卖方市场向买方市场的转变，"经验主义"、"渠道为王"优势不再，流量红利时代逐渐过去。中国外贸传统竞争优势正在减弱，新的竞争优势尚未形成，产业发展面临发达国家和其他发展中国家的"双头挤压"。怀抱传统外贸的企业不得不面对新形势下的经营压力，转型、升级既必要又紧迫。

"弱"，低端锁定难以改变

传统外贸企业中，代工模式（包括 OEM 和 ODM）非常普遍。代工模式往往难以真正掌握产品定价权，价格竞争、薄利多销成为很多企业的竞争策略。在全球产业转移的大背景下，传统外贸企业不仅要面临成本优势不再的困境，在加剧的市场竞争环境中还要面临价格被迫压低的窘境，企业利润每况愈下。

在代工生产模式中，企业虽然具备了与知名品牌相同或相近的设计生产能力，但仍然锁定在生产、加工、组装等低端环节，产品附加值较低，企业自主品牌的缺乏，产业转型升级难度较大，面临"低端锁定"

的巨大困境。

究其原因，包括内因和外因两个方面：

一是企业线下贸易更多关注单一环节，往往形成"路径依赖"，转型发展意识弱。中国外贸企业成长得益于中国改革开放的制度变迁以及上一轮全球化带来的巨大红利，长期专注单一环节的线下贸易，使得企业缺乏对营销、品牌和专利的充分重视，企业没有这么大的动力、能力和魄力去改变低端锁定的现状，即便存在外部技术冲击也难以适应自主创新模式。

二是价值链主导地位的跨国公司，通过设置知识创新及技术标准障碍、技术和营销渠道封锁等方式提升企业转型门槛，使得传统外贸企业转型发展能力减弱。传统贸易的话语权掌握在大型跨国公司之中，中国传统贸易企业，在经营都举步维艰的背景下，很难转换思维，并且通过创新改变低端锁定状态具有非常高的成本门槛。

千里之行始于足下，然而当外贸企业跨出转型第一步时，各种困惑便接踵而来，首当其冲便是目标困惑。企业转型的第一步首先是明确市场定位，目标定位决定着企业发展的方向、布局和相应资源的投入，目标客户在哪里？企业定位是什么？如何保持持续的创新能力？这既是传统的外向型生产企业在 OEM 代工模式下所欠缺的，也是传统外贸代理机构所困惑的。

"堵"，长链条导致经营脆弱

传统外贸活动中，由于企业获得出口退税权限以及进出口经营权具有行政审批上的门槛，还有非常多的中小外贸企业并没有获得进出口经营权，外贸代理商成为众多环节中必不可少的一环。这些外贸代理商依靠低进价优势，利用信息不对称获得利润。这一模式以"生产和销售分离"为特点，是中国外贸生态脆弱性的重要原因。

商品流通"堵塞"。代理商往往是轻资产，经营更为灵活。当宏观经济和外贸形势发生变化，大量外贸中间商将会被迫转行，甚至破产。代理商的出局使得外贸长链条断裂，从制造商到买家之间的商品通道发生堵塞，引发连锁反应，进而造成外向型生产制造企业被迫破产，最终体现在外贸进出口下滑。

产品创新"堵塞"。长链条外贸模式下代理商的存在，成为厂商和买家沟通的壁垒，外向型生产企业长期缺乏与买家的直接互动，无法及时掌握第一手的市场需求信息，产品的升级和创新严重滞后。

外贸企业长期在商品流通"堵塞"、产品创新"堵塞"环境中，在运营管理、人才集聚以及服务升级等方面难以适应互联网及 DT 时代的运营特点：

运营困惑。转型意味着思路的变化，一方面，传统外贸企业从面对外贸经销商转到直面消费者，在运作模式上将产生重大改变；另一方面，传统外贸企业将经营从线下转到线上，运营模式截然不同。如何利用平台运作？如何设计产品页面？如何更好实现商品和渠道的有效推广？外贸企业的经营模式将进行颠覆性变革。

人才困惑。传统外贸企业转型至外贸 3.0，在运营与管理方面都需要具有电子商务和大数据运营经验的团队专门负责，如何招募或培养具有这方面经验的人才？如何与传统采购、生产等部门相协调？如何将传统外贸与新技术融合？这些都是外贸企业转型过程中必须面对的难题。

服务困惑。外贸 3.0 模式中，外贸企业需要直面海外市场，这种链条的打通，对于传统企业带来更大难度。企业必须更加熟悉海外政策法规、文化习俗，需要更为直接快捷地了解消费者偏好，更顺畅地使用当地语言……如何在海外布局市场跟进服务？如何通过平台更好地获得相关服务？这些都是企业成功转型的必要条件。

面对跨境电商的燎原之势，越来越多的传统外贸企业意识到电商的转化之路，然而，外贸企业如何面对市场形态变化？如何适应买家需求变化和交易方式的变化？转型路在何方？……这些困难和困惑都让传统外贸企业在面临重大机遇的同时，也必须迎接新的挑战。

第三章
凤凰涅槃，大数据重构新外贸版图

当前，中国正在更积极地融入全球化的浪潮，习近平主席在 2018 年 4 月的博鳌亚洲论坛上指出："过去 40 年中国经济发展是在开放条件下取得的，未来中国经济实现高质量发展也必须在更加开放条件下进行。"同时，也应看到进入 21 世纪以来，全球数字经济高速发展，全球互联网用户数在 2018 年初突破了 40 亿，全球超过一半的人口拥抱了互联网，数字经济时代的全球贸易正悄然走近每个人的身边。

中国有 4 000 万家中小企业中，其中 300 万至 500 万家专注于外贸，而进出口外贸额的 60％由这些中小企业创造①；在大多数国家，中小企业都占经济主体。在"全球买全球卖的"新贸易时代，将有越来越多的各国中小企业会通过跨境电商融入全球贸易的"海洋"。那么，中

---

① 数据来源：国家统计局。

小企业如何借助电子商务成为国际贸易的活跃参与方？是否能够借助新技术进入全球价值链和国际市场，甚至通过"小的力量"站在与大企业同样的起跑线上？

新外贸，新征途

变处逢生

外贸的所有转型都是基于贸易本身发生的变化以及客户需求发生的变化。今时今日，外贸已经走过外贸1.0汗水驱动，步入外贸2.0信息驱动的后期。变化的趋势和环境对于企业来讲，最直观的感受在于：生意更难做了，又到了转型的十字路口。

要找到转型的答案，必须明白变化中的痛点。这主要体现在订单难、融资难和流通难三个方面。

一是订单难。信息驱动阶段后期，流量红利不再，订单获取更难了。

第二章我们谈到外贸经历了汗水驱动、信息驱动再到数据驱动三个阶段。这三个阶段中，想做好外贸的核心竞争力也逐渐发生了变化。第一阶段要看外贸业务员的能力，具体包括接单的水平，询盘转化成订单的能力；第二阶段要看电商操作能力和平台使用技巧。但在平台化、互联网化趋势下，随着大量业务从线下向线上转移，信息越来越透明，价格越来越透明，流量红利不再了。于是，可以发现依托线上平台寻找客户、寻找买家的成本会越来越高。很多企业把网络平台当成主要出口的渠道，但订单获取更难了。

二是融资难。信息驱动阶段，我们看到很多外贸企业开始使用互联网工具，把网络平台当成主要出口渠道。这个阶段，中小企业获得了信息的平等，但依旧没有获得资源的平等。交易过程中一个很重要的资源是资金，融资难依然是中小企业参与外贸的高门槛。

外贸企业最直观的体验是，银行依旧很难对中小企业开放融资渠道，或者渠道十分有限，成本依然很高。例如，外贸中流行的信用证或者赊销交易方式，中小企业由于自身资产、资信有限，很难获得银行的相关服务。资金掣肘极大限制了中小企业的发展速度，哪怕获得优质的买家和订单，实际操作中也很难执行订单，只能眼睁睁错失交易。

＊ 案例
中小企业跨境交易"融资难"常见问题

跨境交易的双方存在信用信息不对称，尤其对于中小参与者而言，交易对手方的信用状况既是交易双方最关心的问题之一，也是最难判断和获取信息的难题之一。基于信用信息的缺失，传统国际贸易中常见的融资手段往往难以适用，因而派生出融资难问题。

● 信用证使用难。信用证在国际贸易中被广泛使用，但中小企业客户在承接信用证订单时，往往面临三个实际问题：一是信用证操作复杂，一般的外贸人员无法理解和操作;二是信用证本身存在不符点、海外买家以及开证行联合欺诈等风险;三是信用证订单承接后面临的备货和生产资金压力。

● 赊销风险大。赊销是欧美等发达国家采购商中非常普遍的方式。在中国外贸出口中也普遍使用。对于中小客户在接赊销订单时,两个根本性的问题需要解决:一是如何保障供应商如约发货即可收到采购商付款;二是在赊销订单执行期间面临的生产/备货的资金压力。

● 账期又爱又恨。在B2B线下交易中,账期是一种非常常见并被中小企业广泛接受的交易方式。在账期交易中有几个难点,一直让中小企业对账期既爱又恨:对于买家来说,账期不占用资金,但同时商家的选择范围会受到局限,账期的额度在采购旺季时也不够用;对于卖家(供应商)来说账期对于维持老的买卖关系非常有帮助,但是不付款的风险以及资金占用周转一直是难以言说的痛。

三是流通难。信息驱动可以加速外贸撮合的效率,但依旧无法改变外贸长链条的本质;外贸后续流程必须依托线下服务,这使得外贸流通难成为2.0阶段无法化解的症结。

显然,外贸2.0正在逐渐成为过去,外贸3.0将从解决这三个痛点入手,逐渐成为新的外贸趋势,这就是新外贸。

新时代的来临,贸易方式、主体、格局和规则的改变,都预示着跨境贸易也将拥抱全新的形态。

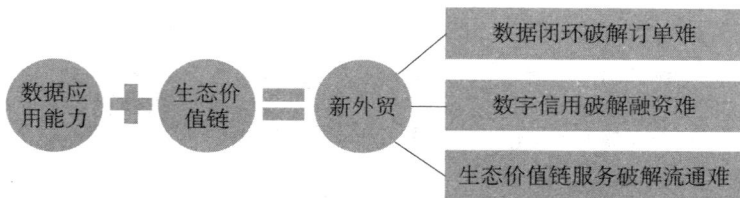

图 3.1　新外贸的两大特点

什么是新外贸？要从新外贸的两个特点说起。

新外贸，最鲜明的特点就是数据的应用能力。经历了外贸 2.0，在线交易后，通过沉淀的数据，将数据资源运用到整个交易闭环和数据闭环。新兴技术在电商平台上的应用使得贸易双方能够打破时间、空间和文化的距离，更密切高效地沟通；贸易双方不仅可以在线上查询信息，还可以通过电商平台完成支付、物流、通关等一系列的工作，并能够实时了解订单进度；平台通过积累贸易双方的身份信息、行为模式和能力数据，搭建信用体系，以更好地匹配供需，优化服务。外贸交易、流通的数据不断沉淀，再把订单贸易的每个流通环节用数据去重构，通过重构降低成本，通过数据重构实现精准交易，通过数据重构实现新外贸。

新外贸的另一个特点是生态价值链。利用生态圈资源碰撞产生价值，身边不同环境的合作伙伴服务你，帮你提高效率的同时，你也成为他们价值的一环，共同创造价值、降低成本。全球贸易网络的互联互通是新外贸转型的最终目标，将中国跨境贸易电商平台和综合服务的模式复制到其他国家,给各国外贸中小企业提供市场、平台和能力,形成"全球买,全球卖"的贸易网络大生态。

那么,新外贸是如何利用数据和生态价值链,解决订单难、融资难和流通难三大新难题的呢?

第一个层面,数据闭环破解订单难。

企业依托平台积累并不断沉淀交易、物流等环节的数据后,这些数据可以再次反哺到交易的各个环节中,形成新的商机,这就是数据闭环。

在整个数据闭环中,当数据反哺到信息层面,将会带来更多商机;当数据反哺到交易的层面,将会带来信用保障,确保买卖双方的交易安全,让双方可以快速地达成交易,从而减少沟通成本;当数据反哺到服务环节,就可以实现外贸综合服务,依托数据和平台帮助企业结汇、通关和退税,降低成本;当数据反哺到物流环节,就可以享受到更低折扣的物流服务,甚至小额拼单物流服务;当数据反哺到金融环节,就可以享受流水贷、网商贷等信用金融服务……

今天,数据在整个外贸交易链条中开始流动起来,逐渐反哺到各个环节中,形成巨量的数据应用价值。

第二个层面,数字信用破解融资难。

交易数据作为企业的基础数据,可以很好地测算出企业的信用状况,有效的征信体系的建立是金融业能够繁荣的核心,也是中小企业能够享受到金融服务的关键。通过对这些数据的运用,帮助中小外贸企业高效率地拿到最优质的订单,低成本地享受金融服务,并且能够

外贸流程	展示	引流	沟通	下单	成长	关/税/汇	物流	交易完成
解决的问题	建站展示	营销推广	获取商机	促成交易	网商成长	出口便利	专业物流	

产品及服务

卖家	出口通 金品诚企 全球旺铺 全景图 视频	外贸直通车 顶级展位 橱窗 无线推广	外贸邮 千牛工作台 商机管理中心 数据管家	采购直达 买家身份识别 信用保障服务 我的人脉	商家星等级 外贸服务市场 外贸圈 外贸学院	一达通服务	买家

金融服务	网商贷、一达通金融服务
服务支持	400服务热线、上门服务、一达通电话服务

大数据

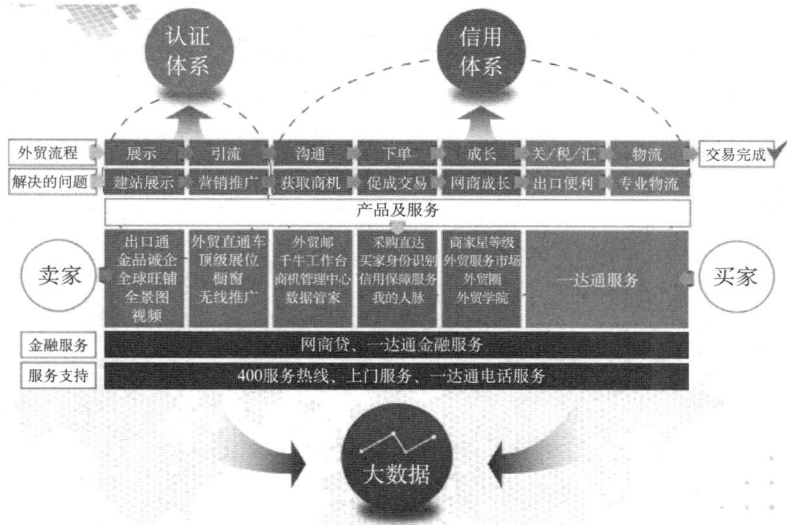

2017年信用保障的海外买家同比增长

135%
使用信用保障服务
海外买家同比增长

图 3.2 阿里巴巴数字闭环服务

（来源：阿里巴巴公开资料）

在企业设立的初始阶段便获得商业信用。

低成本征信。基于平台沉淀的数据，可以开展小额贷款、网商贷或者流水贷，企业沉淀一美金，平台可以相应发展一定比例贷款，还可以向海外的买家做赊销。数据的背后不仅仅是平台能够带来多少订单，还包括今天企业有了多少信用的能力、赊销的能力，最终的反哺是提升了企业的接单能力。

行业优胜劣汰。产品过硬，信誉良好的企业可以容易地取得信保、信贷和其他金融服务支持，克服金融领域经常出现的"劣币驱逐良币"的现象，使得真正的好企业能够得到金融服务而发展壮大。

通过信用驱动交易，买家可以通过这些数据迅速找到合适的卖方，金融机构也可以迅速决策，发展供应链金融。得益于大数据，此前困扰很多小微企业的交易信用问题和资金问题迎刃而解。

第三个层面，生态价值链服务破解流通难。

外贸出口流程相比其他交易要复杂得多，线上化操作对于一些传统外贸企业来说存在一定的操作难度。很多外贸企业不仅对于线上操作不够专业，同时面对落地化的诸多流程依然处于推进难的困境。

不过，经历了外贸2.0阶段的成长，今天围绕在B2B平台周边有非常多的服务商、渠道商，帮助企业做专业的服务。店铺不会装修？专业店铺装修服务商待命；找不到人？第三方公司代为实现人才招聘；运营不知如何开展？独立运营公司可以为企业代劳……有些企业研发、生产能力很强，但是在销售方面并不专业甚至无力投入，此时该企业通过与营销类、外贸代理类公司的合作，可以实现企业生产和销售的新组合，弥补企业短板，形成一个没有短板的新的企业整体。

除了围绕企业诉求提供各项服务，生态圈内的商会、讲师制度和各种分享会还承担了分享优秀管理模式、员工激励模式以及孵化新型外贸企业的职能。

依托生态圈的专业服务，外贸企业所面临的流通难问题得到了解决，更为便利高效的外贸流通闭环逐渐形成。

价值共创

新外贸的这种生态圈模式符合互联网时代的分享经济理念。空间资源、资金资源、专业知识和技能资源等海量、分散、闲置、富余的各种资源被充分盘活，并提高了资源的使用效率。

依托平台大量独立的专业分工，每一个企业都有一个独特的专业团队来服务，对于每一项具体业务，都能够在生态圈内找到一个或几个服务种类来提供业务支撑。这些生态圈专业机构不断为企业提供服务的同时，外贸企业也成为其赖以生存的伙伴。这个过程既是相互服务、相互成全的过程，也是价值共创的过程。这就是外贸生态圈的核心。

新外贸"赋能"企业

新外贸时代正在来临，依托于新技术革新下的电子商务平台，利用大数据和贸易综合服务,形成跨境贸易中的信息互通、服务共享、信用透明,形成"全球买和全球卖"贸易大生态,中小企业被持续"赋能",实现华丽的凤凰涅槃。

"易",转型近在咫尺

"新外贸"提供互联网基础设施,降低外贸企业的转型门槛。外贸转型难,一方面在于对外贸 3.0 阶段信息思维方式的把握需要过程,更重要的是外贸转型需要相应的基础设施,如空间、交通、厂房和门店的信息化配套,同时还要更好地了解法制、文化、信用等软实力。新外贸平台将实物的基础设施虚拟化并搬到网上,大大降低了外贸企业信息化转型所需要的基础投入,而法制、文化、信用等虚拟设施则可以内生化于外贸平台本身,从而赋予外贸企业更低的转型门槛,新外贸模式下的外贸设施投入要比传统外贸低 30% 左右。

"新外贸"提供专业化一揽子服务,降低外贸企业的转型成本。新外贸打通外贸交易的订单、物流和资金环节,形成统一平台,在统一平台上通过营造生态圈的模式提供专业化服务,这些服务致力于降低交易方在各个环节上的各种成本。这些成本里包括搜寻供需的成本、匹配供需的成本、协商成本、信用成本、通关成本和物流成本,乃至降低更高层次的融资成本、数据成本,从而形成整合了信息流、资金流与物流的完整的、低成本的交易链条。新外贸通过提升交易效率,降低了交易成本,为外贸企业带来更低的转型成本。

阿里巴巴新外贸能够更加容易地促进外贸企业转型发展，一个没有线上外贸经验的创业者也可以通过对阿里巴巴外贸平台的了解和熟悉适应外贸3.0的发展趋势。通过对调查企业的走访和问卷调研，平均而言，外贸企业在阿里巴巴外贸平台上的运营成本比线下操作节约30%，订单增加量的平均比例为76%，利润增加量的比例为32%，年利润增加额约为40万元。

"通"，贸易高速公路

新外贸模式能够通过互联网大数据打通买卖双方、外贸商和服务商之间的信用壁垒，从而促进外贸流程更为顺畅地运行。

"新外贸"打通信任壁垒，加快贸易订单促成。传统贸易模式，买卖双方难以低成本地了解到对方的交易历史和交易信用，贸易企业需要通过装修门店、打造品牌甚至创建大公司及跨国公司的手段彰显企业信用。新外贸依托互联网信息沉淀和大数据信息运用，促进交易历史和买方评价可追溯、可查询，实现买方信用低成本展示，并形成信用信息以便更有效、更迅速使用。买家可迅速在数据中甄别需要的卖方，加快贸易订单促成。

"新外贸"打通融资壁垒，促进贸易资金融通，大量的中小外贸企业创新发展过程中面临的核心问题之一便是融资困难，往往即使已经拿到订单的外贸企业由于资金短缺而无法完成订单。事实上，中小企业融资困难的核心在于在现行体制下，商业银行无法准确地、低成本地对中小企业进行征信，从而无法提供金融服务。在新外贸模式中，电商平台通过对交易数据的沉淀和分析，可以低成本地对企业进行准确征信，从而为他们解决融资问题。

"新外贸"打通外贸产业链服务壁垒，提升整体交易效率。现实中，外贸企业很难同时从事生产、销售、物流和服务等各个环节。例如，在2017年9月，阿里巴巴国际站全面打通订单流与物流后，为线上跨境贸易订单保驾护航。截至目前，物流订单（快递）的订单量已经提升了5倍。阿里巴巴国际站在2018年推出5日必达中美专线、24小时服务响应机制、旺季不滞压等服务。同时，逐渐实现物流的线上可视化追踪，使得加入该平台的企业可以将企业尽可能地"做轻"。新外贸模式通过打通外贸产业链的服务壁垒，整体上降低了外贸领域的交易成本和交易门槛，有效地提升交易效率，买卖双方的商业价值能够得到进一步提升。

*案例
阿里巴巴信用数据助力中小企业外贸经营

Alibaba.com的信用保障服务，为平台上信用良好的供应商进行信用担保，同时还为中小企业提供融资服务，提升企业的国际竞争力。通过信用保障服务，供应商最高可获得100万美元的信用保障额度。目前，信用保障服务已经授予超过15万家Alibaba.com会员信用额度，总授信额度超过 70 亿美元。2017 年,使用信用保障服务的供应商达 6.1 万家,较 2016 年增长了 45％。

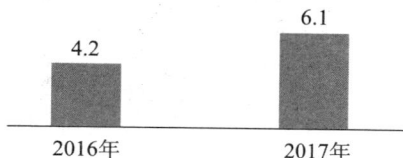

图 3.3　阿里巴巴使用信保的供应商数量(单位：万)

"达",市场瞬间可及

"新外贸"拓宽渠道市场,交易数量呈几何级数增加。阿里巴巴国际站作为信息和交易平台,为交易达成提供了条件,使得交易的达成超越时空,在任何时间、任何地点都可以达成交易,这一点是传统外贸所无法比拟的。而且随着足够数量的供求双方停留在平台上,大数据的使用有利于精准匹配供求、促成交易。新外贸平台大大提高了交易效率,使得交易数量呈几何级数增加。以 Alibaba.com 为例,2017 年线上交易订单量和交易额增长稳定,尤其是在 2017 年底,交易额和订单量比 2016 年同期实现了 2～3 倍的增长。

"新外贸"延伸企业触角,提升企业创新思路和效率。外贸企业可以依赖阿里巴巴外贸平台延伸自己的触角直接到达国外的批发商甚至消费者,这在传统外贸模式下是不可想象的。外贸触角延伸到终端的好处,便是能够大大方便企业掌握需求方的偏好和市场形势的变

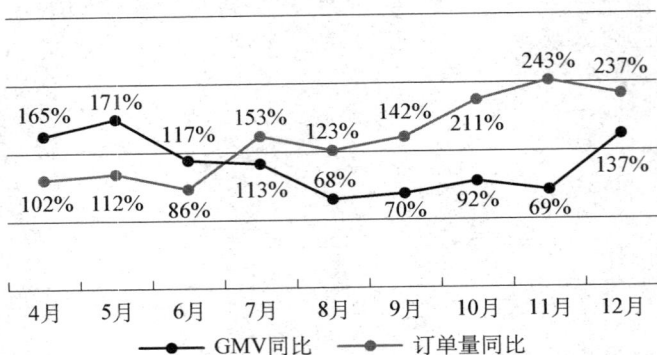

图 3.4　2017 年 4～12 月阿里巴巴信保 GMV 和订单量的增长

动,也优化了需求方客户的体验。同时,阿里巴巴外贸平台将外贸企业的视角从原来的中间商信息转变为全球的透明信息,大大拓宽了企业的触角。

"新外贸"转变模式思路,帮助企业实现"优商优品"。一是新外贸通过外贸商业生态圈建设,形成互利共享的外贸生态系统,参与的外贸企业逐渐摆脱恶性价格竞争的商业文化,而以分享和共进作为增进企业价值的深层理念。二是新外贸借助平台和信息技术,通过对数据的沉淀、分析和发掘反哺给企业,为企业提供个性化的商业匹配和金融服务,并在这些服务过程当中促进外贸企业完成"供给侧结构改革",提供更多适合买家需求的"优商优品",有利于中国外贸质量的整体上升。

* 案例

阿里巴巴一达通生态服务

阿里巴巴 B2B 外贸综合服务部（一达通）正式推出"一拍档"，引入各类本地化外贸服务企业（如货代、进出口代理、报关行、财税公司等）作为合作伙伴，为外贸企业，尤其是中小企业提供更加完整的本地化、贴身化、个性化的低成本出口流程综合服务，针对企业用户对于外贸服务的碎片化、个体化的需求，提供一站式整体解决方案。

"一拍档"企业提供自营模式下的代理服务，包括为客户提供使用一达通出口通关、结汇、退税、金融、物流等服务的相关咨询以及制单、下单、跟单等外贸服务，同时在这个过程中合作伙伴可根据自己的业务优势，提供配套的物流定制，指导办理商检等个性化定制，为客户提供更加完整的外贸服务。"一拍档"通过聚合资源体系，让外贸服务实现落地并升级，建立外贸服务的线下生态圈。

供应商画像3.0

数据商机

未来数据运用将是外贸企业的重要商机。

长期以来,获客难度大往往是中小企业共同面临的现状。企业自身依靠网络搜索、参加活动、发布信息或口碑推荐等方法,效率往往不高也不稳定。而很多主流的付费推广渠道的推广费用也在逐年增加,导致企业的营销越来越困难。新外贸,依托电商平台和大数据,利用数据和应用数据的同时,也为企业建立了信用档案,并逐渐成为为企业发掘更多商机的一类服务。

依托大数据,通过分析目标企业的地域、行业、经营范围、主要产品、公司规模、组织结构等多重维度信息,在海量大数据中主动帮助企业筛选类似的客户线索。帮助中小企业洞察客户,给予明确的商机指引,最终帮助其提高获客能力。

除了获客能力方面,数据还能帮助企业提升有效客户的获取能力。通过大数据分析,可以识别常见欺诈的风险,把控客户质量,降低坏账率,增强有效客户的甄别能力,挖掘高效客户。

2017 年的圣诞节,大数据通过分析美国买家购买圣诞帽子的需求(例如尺码、风格等),通过"千人千面"的呈现,把中国的企业推荐给了美国客户。美国一位客户依托平台,线上尝试下了一单。令他惊喜不已的是,3 个小时后他便收到了来自中国的圣诞帽,完成了交易。为什么能这么快?因为大数据"知道"海外买家圣诞节前夕的需求,这家中国企业为了备货圣诞,早就将货品存放在了美国的仓库。

相比较于传统贸易 3 个月的海上物流,或者 3 周的跨境物流,3小时的到货体验大大提升了客户对供应商的满意度。大数据勾勒出的消费需求帮助企业更好地获得订单。一个美国买家，通过大数据匹配，只需要轻点鼠标便能找到最适合自己的中国卖家。而在过去，这个买家要从深圳罗湖区的一个工厂买圣诞帽至少需要 8 个环节，大数据匹配将买卖效率提升了 300%～400%。

✻ 案例
"大 3C" 数据商机

大 3C 行业是阿里巴巴国际站行业运营聚焦的四大行业类目之一。阿里巴巴国际站以趋势新品、高性价比等丰富品商满足 3C 买家一站式的高效采购需求。

● 买家心智：商品周转快速，买家对新品需求明显，包含新品趋势、品质要求、库存保障、可视化物流、售后服务等。为此，阿里巴巴主打"聚焦新品，高效采购"策略。

● 优选新品高效寻源。提供商品品测视频，缩短采购犹豫期与沟通，搭建丰富的 3C 交易场景、优选 3C 新品、搭建集单等营销场景。

● 规格品在线交易。建立规格品在线交易，即建立 3C 买家采购记录和采购关系，联动商家优惠，一键返单等。

● 建立高效出货机制。联动第三方海外仓储信息，协助海外本土备货的商家快速发货，并设立样品专区，提升买家的购物体验。

图 3.5　Alibaba.com 重点聚焦行业类目

柔性供给

新外贸不仅改变销售模式,还将改变供给模式,即新制造。

新制造的柔性供给模式包括两层驱动力链条:一是消费升级背景下,国际消费者的市场需求趋向个性化,尤其是年轻一代的消费者更追求独特的商品,消费者往往对商品有着更快、更好、更个性的要求,这将推动供给端通过定制需求、混合创新和柔性生产不断实现对消费者需求的满足。二是终端市场的需求变化逐渐反映在其上游的供应角色中,零售商在采购时将注意力更多关注在商品的多样性、独特性和快速投入市场的可能性,从而要求订单小、周期短、交付快。对供应商而言,小单也意味着风险更低,资金周转更快,并且总体来说利润更高。

Alibaba.com 数据表明,企业规模和采购体量相较于分销商、工厂和进出口公司,规模更小的零售商占买家的比重逐年增加。2014年,零售商在 Alibaba.com 活跃买家中占比不到 1/4,而截至 2018 年年初，零售商买家占比达到 34％，已经成为 Alibaba. com 活跃买家中占比最大的群体。

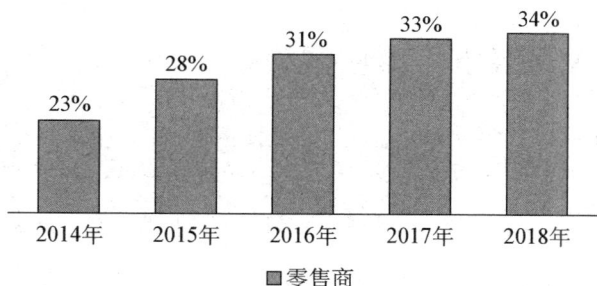

图 3.6　Alibaba. com 活跃买家中零售商占比

　　外贸订单碎片化已经成为一种趋势，而实现这些的基础是大数据的使用，通过把线上的买家卖家、贸易环节、需求信息数据化，实现柔性化生产。

　　以圣诞节采购为例，美国买家收到货后，他看到这个材质和面料虽然和他以前采购的成本差不多，但比他想象得好卖，因为大数据提前分析了美国消费者的需求。于是，他要补货进第二单。他希望订单的三分之一绣上个性的 LOGO，三分之二加入假发装饰。这些信息通过互联网平台得以快速反馈，中国的平台贸易商依托生态链合作伙伴，很快实现小单化的订单生产合作。柔性化生产、小单化定制，款式、样式都很符合客户个性化的需求。原来一个帽子价格 14 美金，柔性化定制后则将货品价值提升至 20 美金。

　　大数据柔性供给不仅给企业带来了客户，还提升了企业的利润率和产品附加价值。

* 案例

"大 FASHION" 柔性供给

"大 FASHION"行业是阿里巴巴国际站行业运营聚焦的四大行业类目之一。国际站结合"优商"共建 FASHION 柔性生产供应体系,满足买家弹性化采购需求。

○ 买家心智:线上零售商为主,高频次采购,订单碎片化,需样品试单;小单定制需求明显,买家关注季节及潮流趋势品,标品量大,需求稳定。

○ 商业洞察:美国仍为主要出口国家,东南亚及中东是服装行业的机会区域。国内供给方面,重点行业产业带集中,如青岛假发、广州服装,同时快时尚消费品类寻找快速打样的机会点。为此,阿里巴巴主打"快速打样服务,加工定制场景"策略。

○ 快速打样服务。聚焦服装行业,样品一口价,以中国淘品牌结合快递物流,实现快速打样服务。完善在线交易基建,搭建多样营销场景,凸显采购关系,一键返单。

○ 柔性供应链商家池服务。挖掘培养拥有打样、微设计、整合采购及快速反应能力的供应商,建立流量权益机制。

○ 加工定制场景。需求聚合,打造加工定制类行业垂直场景,精准流量匹配，打通供应链服务。

云化供应链

供应链是从原料采购、制造加工，到把最终产品送到消费者手中这一过程中，所涉及的供应商、制造商、分销商、零售商，直到最终用户等所连成一个整体性功能网链。对于外贸企业，三化供应链不仅包括这些传统供应链，还囊括通关、结汇、退税、保险、金融、物流等服务环节，成为流程最长的一条链。

小企业通常经营到第三年开始打造供应链。供应链业务涉及众多参与方，包括企业、物流商、海关、最终消费者等，连接并非易事，而今天的互联网将改变制造企业的主流价值，不再是过去基于流量逻辑的线上买卖，而是依托平台和大数据对产业链各个价值环节打通。以阿里巴巴为代表的互联网企业着力打造供应链基础设施，基于云的供应链则能将这些分散的系统和数据源统一串联起来，在各方之间形成信息的有效共享和零延迟传达，促进协同工作，依托信息系统、大数据和云计算形成"云化"供应链。

"免费验货服务"便是云化供应链的一个例子。阿里巴巴国际站在2017年9月的采购节期间给买家提供免费的验货服务，选择验货服务的买家可以通过平台联系验货服务商，完成验货流程。整个采购节期间，一共有1.7万个订单获得免费验货资格。

外贸企业可直接调用这些云化基础设施，依托"云化"供应链，实现云信用、云物流、云交易、云支付等外贸全生命周期的各个环节无缝对接，甚至在连接的基础上进行供应链流程追溯、资源共享，通过大数据分析来进行决策优化，提升供应链整体效率和体验。当外贸平台通过规模化处理程式化环节降低企业经营成本、简化企业业务流程的时候，企业通过将销售、通关、退税等企业职能分包给平台的方式从业务环节中得到解脱。

依托云化供应链的验货服务，企业订单的支付转化率相比无验货服务提升了64％。作为阿里巴巴国际站上的一个常规的服务选项，买家卖家在日常交易场景下可以根据自身需求直接选择，云化基础设施将明显促进交易的达成。

＊ 案例

"大 HOME" 云化供应链

"大 HOME"行业是阿里巴巴国际站行业运营聚焦的四大行业类目之一。国际站结合云化供应链建立采购、低成本集货、高效运输、海外仓等"端到端"一条龙服务。

● 买家心智：家具、灯具买家习惯试单采购，对供货商服务能力要求度高，包含商品创新、质量确保、供货稳定。产品多为抛货或重货，并以海运运输为主，对验货、物流服务有强需求。

● 商业洞察：中国家居产业集群多，为中国制造优势产业代表，其中美国为大家居主要市场。出口订单保障、海运拼箱需求多。通过验货前置，海运拼箱服务，联动交易线上化。为此，阿里巴巴主打"服务升级提升黏度与复购"策略。

（1）满足买家对验货刚需，可提供验货服务，提高买家复购与数据沉淀。

（2）拼箱服务嵌入线上订单流程，提升客户的平台黏性，价格透明，集合平台订单，加快出货速度。

（3）提供上下游生态圈的配套服务，如家电安装、保修等环节的链接，减少买家的后顾之忧。

"优商、优品、优服务"

依托平台所提供的基础设施，企业不必把资源都投在供应链环节，便可以以更轻松的方式思考、挖掘企业自身的核心竞争力。企业有限的资源能够更为集中地使用，可以更多关注团队营销能力，员工技能的提升、如何把握海外买家需求，如何打造企业核心价值和竞争力，这就加快了企业转型创新的速度，从而使打造个性化的企业竞争力逐渐成为可能。

个性竞争力的核心是"优商、优品、优服务"。未来国际贸易中的中国企业，应该主动发挥品牌引领作用，培育以技术、品牌、质量、服务为核心的出口竞争新优势，打造"优商、优品、优服务"，促进中国品牌与世界分享，体现中国服务、中国品质与中国担当。

作为"优商",应深耕外贸领域,能够引领外贸行业,代表全球供应商最先锋的力量。具有较强的电商服务能力、研发设计能力、生产制造能力和服务意识。

作为"优品",产品本身要彰显对全球买家负责任的态度,买家友好、生态环境友好、质量友好,能够反映中国企业的设计能力、生产能力、科技实力。

作为"优服务",中国的供应商应基于买家需求,提供确定性的服务,中国优秀的商业模式、技术成果、创新动力、文明理念随着中国企业、中国商品和中国品牌的出海而传播出去,践行中国成果,惠及全球的共享发展理念。

中国的供应商们越来越重视提高产品科技含量和附加值。截止到 2018 年 3 月,Alibaba. com 共收集到来自供应商的新增证书 4.8 万张,包括 2.4 万张产品证书、1.6 万张专利证书和 9 600 张商标证书。尽管中国外贸企业和本土品牌仍然存在着问题和差距,但"品牌强国中国梦"已经不远,通过广大企业的努力,终将实现 Made in China(中国制造)到 China Made(中国之造)的转变。

* 案例

"大工业":构建优商专业池

"大工业"行业是阿里巴巴国际站行业运营聚焦的四大行业类目之

一。国际站整合全工业供应链品、商资源，建立大工业专业买卖家聚合平台。

● 买家心智：工业品买家采购目的明确，在意品商专业度，高效询品找商以提高搜寻意愿，注重商家在行业内的专业度，期待与商家建立长期合作关系，同时对商品质量要求度高。

● 商业洞察：市场上工业品企业和网站大都以自营为主，以控品控货来实现买家需求的确定性，工业品买家类型较为复杂，包含工厂、分销商、企业自用等，需以不同形态的产品形式满足。为此，阿里巴巴主打"专业基建＋专业运营"策略。

（1）创建 SPU 商品池，以 SPU 的商品标准提升大工业搜寻与匹配效率；强化搜索流程，以图形化类目导购路径，凸显专业度。

（2）线上展会，实行买卖家严肃准入制度，以买家身份验证、精选行业 KA 卖家提高匹配效率，搭配验货、物流等配套服务，来促进严肃买卖家的订单线上化。

（3）挖掘行业内头部商家，树立标杆；培育行业内 KA 商家，提升卖家服务能力，同时提高线上订单转化率，沉淀交易数据。

时代的主角

这是一个全新的时代，也是中国中小企业充满机遇的时代。

中国之造

中国商品走向海外具有悠久的历史。西汉时期,张骞出使西域开辟了陆上丝绸之路;同一时代,一条以中国徐闻港及合浦港等港口为起点的海上丝绸之路成就了世界性的贸易网络。21 世纪初,伴随着中国加入 WTO,"Made in China"的商品遍及全球,中国成为世界经济高速发展的重要引擎。近年来,在中国产业转型升级,以及供给侧改革的助推下,中国的商品出口不仅要中国制造,还要实现中国创造、中国智造。品牌越来越成为大家关注的重点,只有树立了自己的品牌,才拥有更多的发言权。

2017 年 12 月 22 日,世界品牌实验室发布的"2017 世界品牌 500强"排行榜中,共有 28 个国家的品牌入榜。从品牌数量的国家分布看,美国占 233 席;法国和英国分别有 40 个和 39 个品牌,分列二、三位。日本、中国、德国、瑞士和意大利是第二阵营,分别有 38 个、37个、26 个、21 个和 14 个品牌入选。尽管中国入选了 37 个品牌,但相对于 13 亿人口与 GDP 居世界第二而言,中国品牌依然落后。

"中国制造"遍布全球,而"中国品牌"却不能享誉世界,这一矛盾引起了党和政府的高度重视。2014 年 5 月,习近平主席在河南考察时指出"推动中国制造向中国创造转变,中国速度向中国质量转变,中国产品向中国品牌转变"。2017 年 10 月 12 日,"中国之造"正式启动。国家商务部外贸发展事务局将通过"中国之造"品牌工作计划搭建平台,借助全球范围内 57 个贸易促进工作网络,向世界展示中国产品、中国质量、中国标准、中国创新，诠释中国品牌的"硬实力"和"软实力"，推动我国由贸易大国向贸易强国转变。

"中国之造"是对"中国制造"、"中国智造"、"中国质造"等概念的融合、提炼和升华，如何在当今的新环境下恰当地运用品牌营销的策略参与竞争，是摆在每个外贸企业和企业家面前的新课题。

草根崛起

2015年民营经济的出口额首次超过外资企业，占比为45.2％，成为外贸份额最大的主体。外资出口企业大多以加工贸易为主，处在全球价值链的低端；民营企业经营机制灵活，适应环境能力强，民营外贸企业的草根崛起，将在创新意识、盈利能力和商业能力上提高中国外贸的层次。

同时，随着跨境电商的崛起，在贸易主体方面中小微企业和消费者正在成为全球化的新主体和驱动力量。借助互联网和信息技术，时代也不断为"草根"企业赋能，中小微企业站在与大企业同样的起跑线上，并展现出自身独特的优势：

（1）打破大公司垄断，实现起跑公平。跨境B2B电商平台数字化的交易模式降低了交易成本，跨境交易参与者的门槛随之降低。大量中小微企业基于数字平台的跨境协作，通过虚拟网络和在平台上的虚拟货架将产品推向全球市场。数以亿计的买家通过平台直接完成跨境消费，大量的中小厂商一跃成为交易的直接卖方。

借助跨境电子商务平台，打破传统大型企业和跨国公司的渠道垄断，成为国际贸易的活跃参与方，进入全球价值链。

（2）扁平组织结构，快速迭代创新。中小微企业通过互联网平台直面采购商或零售商，掌握需求端变化的一手资料。利用自身扁平化的组织结构，可以对收到的消费反馈快速反应，并及时对产品进行迭代创新，不断满足买家的新需求，促进自身在国际贸易市场上的地位不断提升。

（3）深耕长尾市场，灵活精准策略。通过不同国家、地区的供应商直接与海外买家互动和交易，找准定位，制造商将通过平台在市场中获得独特的地位和竞争优势。跨境交易买卖双方的碎片化以及交易数量的海量化，使之成为有价值的资产，中小微企业可以深耕特定人群的长尾市场，生产出更加"小而美"的产品，制定更加精准的市场策略。海量的消费数据分析产生的洞察将让卖方、平台上的服务商，甚至政府部门都能从中获益，使产品设计、营销、交易更加精细，投入产出回报更高。

（4）轻资产化模式，低成本全球运营。依托线上数字化平台，企业打破传统的"产品输出—跨境销售—跨境生产运营—全球化运营"的分步式进程，通过线上渠道交易，线下交付物流和售后服务的生态合作网络，以轻资产方式实现迅速将业务流程全球化。此外，大量的交易和服务集中于电子平台，使得众筹服务能够以很小的成本实现。跨境电商的发展，能够通过数字化推动更多中小微企业广泛地参与到全球化中，推动全球化向着更加平等、普惠的方向发展，使得更多人能够享受到全球化带来的红利。

过去，针对行业"6＋1产业链"（产品设计、原料采购、仓库运输、订单处理、批发经营、终端零售加制造），中国只控制"2＋1"，包括原料采购、仓库运输加上制造，而美国等发达国家控制产品设计、订单处理、批发经营、终端零售等"微笑曲线"两端环节。未来，时代赋予广大中小企业更多的机会，中小微企业借助电商平台参与全球贸易，直接面对客户，从全球价值链中低端向中高端攀升，最终实现全球网络化布局，通过构建自己的全球价值链，从劳动密集型向技术密集型发展；借助平台参与国际贸易的制造业企业，通过优化供应链，省去中间商，降低成本，提高利润空间。

依托平台迭代创新，中国的草根企业将参与整个全球供应链，拥有更大的话语权。

品牌出海

放眼全球，逆全球化和"贸易战"的阴霾依然笼罩，当今世界正在经历新一轮"大发展大变革大调整"。过去二三十年的经济全球化给世界经济带来了繁荣的同时也带来了新的问题和困难，但正是这些问题和困难给了今天的新兴市场、企业、年轻人巨大的机会。

中国提出"一带一路"倡议，加快加入世界贸易组织《政府采购协定》进程，举办首届中国国际进口博览会……这一项项措施，是中国改革开放的决心，是"到大海中游泳"的信心，更是中国企业参与下一轮全球化的机遇。

中国作为制造业大国，具有强大的生产制造能力，制造业企业数量达到千万。这些企业都是潜在的外贸企业，也越来越重视产品创新与质量提升。于是，这些企业开始思考怎样才能走向海外更广阔的市场。

新时代，新使命，这是外贸企业最好的时代！

"当今世界，和平合作的潮流滚滚向前。和平与发展是世界各国人民的共同心声，冷战思维、零和博弈愈发陈旧落伍，妄自尊大或独善其身只能四处碰壁。只有坚持和平发展、携手合作，才能真正实现共赢、多赢。"[1]

新外贸所塑造的合作共赢的生态，是利用互联网的技术特性，以开放、对等、公平为原则，通过生态圈打造，实现最大范围的要素参与，不断激发不同人的创意、创新、创造力的外贸形态。中小企业应抱有使命驱动的信念，主动参与到开放的浪潮中，加强生态圈合作，促进消费全球化的发展。

"当今世界，开放融通的潮流滚滚向前。人类社会发展的历史告诉我们，开放带来进步，封闭必然落后。世界已经成为你中有我、我中

---

[1] 摘自国家主席习近平在海南博鳌出席博鳌亚洲论坛 2018 年年会开幕式所发表的主旨演讲《开放共创繁荣　创新引领未来》。

有你的地球村，各国经济社会发展日益相互联系、相互影响，推进互联互通、加快融合发展成为促进共同繁荣发展的必然选择。"①

新外贸利用跨境电商平台，拓展供应商资源，通过行业垂直化的运营、内容化的导购和集约化的服务实现"全球买全球卖"，利用新兴技术和大数据完成新外贸模式转型，推进互联互通、加快融合发展，更好地促进全球贸易的繁荣和发展。中小企业借助新外贸契机，把好的产品、好的技术通过便捷高效的互联网平台渠道交到全球买家手中，实现中国外贸企业新的转型发展。

"当今世界，变革创新的潮流滚滚向前。中国的先人们早在 2 500 多年前就认识到：'苟利于民，不必法古；苟周于事，不必循俗。'变革创新是推动人类社会向前发展的根本动力。谁排斥变革，谁拒绝创新，谁就会落后于时代，谁就会被历史淘汰。"②

新外贸利用数据带来"新技术""新思维""新方法"，大大提升了外贸运作效率、降低外贸企业转型成本，不断提升中国外贸层级并赋予中国企业正能量。中小企业也应该顺应时代潮流，借助跨境 B2B 电商平台的发展势头，自主创新、深化服务，重视在无线端、多媒体内容和专业化上的建设，在贸易品质和贸易效率上实现质的飞越。

---

① 摘自习近平主席在海南博鳌出席博鳌亚洲论坛 2018 年年会开幕式所发表的主旨演讲《开放共创繁荣　创新引领未来》。
② 摘自习近平主席在海南博鳌出席博鳌亚洲论坛 2018 年年会开幕式所发表的主旨演讲《开放共创繁荣　创新引领未来》。

心之所向，行之所至。

这是一个普惠共享的时代，互联网和数据助力中国外贸企业构筑新优势。

这是一个草根崛起的时代，中小外贸企业将重新赢回全球话语权，实现品牌价值。

而每个做外贸的你，都会是这个时代的主角！

下篇

中国供应商

第四章
传统外贸转型

"信息化为中华民族带来了千载难逢的机遇。"2018 年 4 月 21
日,习近平总书记在全国网络安全和信息化工作会议上,谈到互联网
发展对中国的影响时这样说。过去很长一段时间内,在国际贸易分工
体系中,中国都是廉价而低端的"世界工厂"。电商平台兴起后,中国
卖家与全球买家比以往任何时候都更加紧密地连接在一起。在这场
大变革中,传统中小企业抓住机会打通线上线下生产,企业自身也完
成了全方位的升级转型,比如生产方式的改进、品牌的重塑、内部管理
完善等,焕发出全新的活力。

当越来越多的中小外贸企业发展起来后,中小企业主在与海外客
户打交道的过程中也产生一种自觉意识:主动履行更多企业责任,在
海外树立一个更加积极、正面的中国供应商形象。

这些从内到外的变化,无不彰显着传统中小企业在互联网外贸时

代,发生了深刻转型。

柔性制造

在矿砂机械行业,很多工厂的车间里,设备都放得满满当当,随时等着客户来提货。青州科大矿砂机械有限公司却很不一样,车间有时空有时满,订单有时大有时小,生产看似"佛系",交出的成绩单却非常不错:做外贸不到 3 年时间,出口额从 2015 年的 500 万元增加到 2016 年的 1 300 多万,又突破到 2017 年的 3 000 万元,公司发展势头良好,整体实力居于全国前五。

一家做惯内贸、没有任何海外客户资源的传统工厂,利用互联网平台转型做外贸后,是怎样取得快速突破的呢? 青州科大国际贸易部负责人伦关安说,秘诀在于一改传统外贸出口中很多厂家都偏好的大批量生产、同质性发货的生产模式,而是利用互联网大数据指导工厂进行柔性化制造,将下游市场需求与上游生产更加紧密地结合起来,倒逼了老工厂转型升级,从而最终实现生产能力快速提升。

2015 年全国两会期间,时任工业和信息化部产业政策司司长冯飞在谈到《政府工作报告》中首次提出"互联网 + "行动计划时就说,互联网技术和制造业技术的结合,对于解决中国制造业目前存在的困境,实现"中国制造 2025"制造业强国梦想,是一个非常重要的抓手。

柔性制造前提，了解客户需求

所谓柔性化制造，指的是供应链具有足够弹性，产能可以根据市场需求快速做出反应。"但前提是真正了解客户的需求。"伦关安强调。

青州科大从做选铁设备的工厂起家，一直以来都只做内贸，2011年国内市场趋于饱和后谋求转型。幸运的是工厂后来研发出一款淘金设备，这款淘金设备从产品设计到外观都有自己的发明专利。产品推出后市场反响不错，恰好当时非洲又兴起一波"淘金热"，2015年，工厂开始通过互联网平台做外贸，开拓新的市场。

但当时对于究竟应该怎么做外贸，工厂上下其实完全没有经验。辛辛苦苦忙了一年，外贸销售额只有500万人民币。伦关安印象很深的是，那时完全直接将内贸产品用作出口，根本不知道海外客户的需求。结果有一次，业务员把生产好的设备图片发给一位厄瓜多尔客户后，满以为对方会很满意，谁知客户竟一口气提了十多个意见，包括喷漆不过关、焊接外观质量不好、打磨程度比较粗糙等，"那次和客户一聊才知道，国外客户是既注重实用，又注重外观，因为他就感觉花钱买来这么一件设备，必须各方面都要达到他的要求。"

后来，工厂根据意见全部改进了外观和工艺后，厄瓜多尔客户才表示满意。这件事情给青州科大很大的启发，随后他们根据阿里巴巴操作后台提供的大数据，还有自己的客服追踪发现，在矿砂机械出口行业，像这位客户一样既重品质又要"颜值"的海外用户并非个案，而是普遍存在的现象，这是与中国市场完全不同的用户心态。于是青州科大开始组建专业的外贸团队，有针对性地进行外贸销售服务。

与国内整个矿砂行业在洞悉客户需求上的粗放策略有所不同，青州科大还根据客户反馈、大数据分析了解到客户的需求信息，在行业内独创了一套细致和全面的用户"背景调查"表格。每位客户在购买设备前，业务员都要请对方做一份问卷调查，问题设置选项根据设备不同而有所区分，选项内容从刚开始的十多个逐渐丰富到后来的二三十项，把客户各种需求都了解得清清楚楚后，才根据对方的预算推荐最为适合的产品。

伦关安说，这样做外贸看似程序烦琐了一些，但可以准确地了解客户的需求，给对方也留下十分专业的印象，否则一台设备动辄几万、十几万美金，客户买了才发现不能用，最后只能认为是从中国买的东西不好，"所以我们首先要做好自己"。

柔性制造，从批量生产到订单化生产

柔性制造也与批量式生产不同。传统外贸的做法是，不管市场是否有需要，都要先生产出一批设备等着销售。

伦关安说，囤货的好处是万一客户急需，可以直接发货，但在价格上就不会有很大优势。毕竟工厂生产完一台设备就需要尽快转化成流动资金，否则设备就压库存了。这时海外客户自然会借机砍价，"因为你有这样的设备，别人也有"。

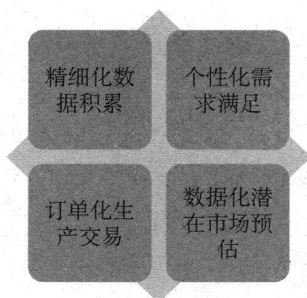

图 4.1 柔性制造特点

　　柔性制造则是订单式生产,完全根据客户需求去有目的地满足市场。在青州科大的车间里,订单比较多的时候设备就放得满满的,没有订单的时候就比较空。即便有时会做些提前生产,也不是"拍脑袋",而是大数据进行市场分析,并综合客户反馈后,对有潜在性需要市场的提前布局。比如当在南非发展了一位新客户,一旦收到对方的良好反馈,工厂就会针对南非市场特点再半定制化生产两三台半成品设备,当南非那边再次有类似订单时,就可以达成快速生产、发货。

　　2017 年,青州科大还做了一次"跨界",将割草船等环保设备作为主打产品出口到非洲和东南亚市场,这也是根据大数据分析之下做的针对性生产。实践证明,这种工厂根据买家需求来做的生产模式很成功,新增环保设备的销售额占据整个工厂全年销售额的 30％左右。

　　进入外贸的时间虽短,伦关安也感受到行业的变化。从前,一笔单最高可以有几百万人民币,但从 2017 年上半年开始,小单化订单接近 60％,而现在几十万元的订单就算大单。他认为,当订单出现小单

图 4.2　发往南非的割草船

化趋势后,柔性生产就是要做个性化产品。

　　曾经,青州科大和矿砂机械行业内的大部分工厂一样,一台设备只有一两款产品。但柔性生产后不一样了,每种设备根据不同需求、地理情况又细化出很多个性化的产品。以新开发的环保设备割草船为例,又细分为割水葫芦、割水藻、割杂草、收垃圾等几个大类,设备门类一下丰富起来。具体到每类产品,针对不同国家用户的需求,功能选择又有不同,比如有些客户要求割草船只负责割水草,有些要求顺便把水草打捞起来,还有的要求更为细致,希望同时还能打捞垃圾并进行垃圾分类。如此花样繁多的生产,全都根据客户需求完成定制。

柔性制造,倒逼老工厂升级转型

　　外贸订单个性化趋势增加后,海外买家不再满足于只能根据不同规格的零部件来实现定制,还要求从外观到功能实现全方位定制。买

家变得更挑剔后，也倒逼了上游工厂在零部件、原材料等方面同时实
现柔性化生产。

"互联网＋外贸"对老工厂的倒逼，从青州科大的发展过程中也可
以得到印证。工厂从最初的选铁、筛沙、水洗设备起家，后来陆续开发
出两款专利产品：淘金设备、挖泥船。2017 年，根据市场需求增加了

图 4.3　科大淘金车和挖泥船

环保设备。看着工厂一路不断适应客户需求变化，伦关安也很感叹，说这些也是在市场和外贸环境的不断升级转换之下，倒逼成功转型，如果始终都停留在最初的选铁设备出口阶段，工厂不可能发展得这么快。

工厂生产技术含量明显增加，这是伦关安感受非常明显的地方。个性化生产为主后，再也没法像以前一样一张图纸生产一批设备，而是成了一台设备需要一张图纸。此外，图纸设计时，还得根据客户在"颜值"或质量上的不同需求有所侧重，时间一久，工厂的技术含量就自然增加了。就算是他们的"王牌产品"淘金设备，也不是拿到发明专利后就固步不前，而是不断根据客户反馈来改进产品的外观和实用性。一台出口到加拿大的淘金设备，在客户的要求下改进工艺后，提取金子的颗粒度和效率明显得到提升，可以帮他每天提取 20 克金子。这件事情对青州科大的触动也很大："如果每一家老工厂在上游生产上，都坚持根据终端市场的不断变化和需求做升级和转型的话，外贸就不会难做，产品肯定也不会被淘汰。"

综上，柔性化制造是指供应链具有足够弹性，产能可以根据市场需求快速做出反应：大批量的订单可做，个性化的小批量也可以做，而且无论大单、小单，都能做到品质统一可控。除了生产端，柔性制造还可以倒逼上游工厂进行柔性化生产，促使老工厂升级转型。

对企业而言，柔性化制造的最大好处就是把握销售机会的同时，不造成库存风险，利润空间也大为增加，这方面伦关安感触颇深。他回忆,2011年以前当时国内整个矿砂机械行业效益都比较不错,做批量式生产的利润值也比较高。互联网外贸时代,批量式生产不再成为外贸出口的主流,矿砂机械行业利润值就明显下降了,最多只能在10%到15%之间徘徊。而青州科大根据订单生产,利润值反而增加很快,至少达到25%。相信随着今后互联网对外贸领域渗透越来越深,基于大数据之下的柔性生产,与传统批量式生产之间的利润差距也会越来越大。

品牌塑造
- - - - - - - -

每个在青岛海逸发制品有限公司上班的人,都知道仓库里封存着一批价值40多万元的发帘次品,其中一部分还被老板剪得支离破碎。

那是曹其云自己创业做外贸的第二年,一批发往欧洲的发帘产品由于工人染色时操作不当,把发质弄得有些损伤。但当时,长期习惯了做代加工的工人、产品负责人,乃至有家人都认为这是合理范围内的"技术故障",完全可以照常发货。曹其云却非常生气,还与工人发生了争执。双方在车间里僵持不下时,年轻气盛的他一怒之下,当场拿起剪刀就对着发帘一阵乱剪:"我说这批货我来负责这个损失,不会损害到你们的利益!"

多年后,曹其云的公司已有4条生产线、1 000多个专业生产工人,跻身青岛假发行业十强。回忆起"剪发"一事时他依然感慨万千:"我的产品不允许有任何瑕疵,既然客户选择了我,我就要对他负责。"

曹其云家中两代人都做假发外贸,父辈只做代加工,是典型的劳动密集型生产;到他这里重视质量、成立品牌,利用互联网把生意越做越大。如今在青岛,像曹其云这样的年轻人不胜枚举,发展壮大起来的他们,在阿里巴巴平台上聚合起来,又对青岛假发行业形成整体的品牌效应。

2018 年,中国迎来改革开放 40 周年纪念。40 年来曹其云一家代表的青岛假发成长经历,是中国中小外贸企业在品牌上,从"无名"到"有名"的缩影。

区域内行业聚合,建立行业品牌效应

中国是名副其实的假发世界工厂,生产了全球 80% 以上的假发制品,诞生了三大假发生产基地:河南许昌、山东青岛、安徽太和。但三个地方的发展模式各不相同。直到现在,安徽太和那边还是传统的代加工生产为主,只有少数人在自己做外贸。河南许昌则主要是大批量生产为主,老板以"50 后"、"60 后"居多,他们对电商平台运用不太敏感。相比之下,青岛的假发生产最有活力,老板普遍以"80 后"、"90 后"居多,他们年轻,敢于尝试新鲜事物,早在 2006 年就有人开始使用电商平台。

1986 年出生的曹其云,也是年轻老板中的一员。他在一个做假发的传统家庭长大，早年父亲常年走街串巷到处寻找理发店，收购剪下来的头发拿回家做加工，再卖给青岛一家假发出口国企，从中赚取一定的利润。后来那家国企倒闭，厂里有些人自己出来单干做假发出口，曹其云的父亲又把假发卖给他们。可以说，一辈子不管收购对象变成谁，他都在本本分分地做着代加工生产。

2008 年全球金融危机后，国外大客户减少订单，青岛假发深受影响，父亲的生意一下不太景气了。第二年，在外读书的曹其云回到家中帮父亲打理小工厂。当时，他和很多青岛当地的年轻人都意识到，必须利用互联网才能找到一条新的销售途径。2011 年，曹其云成为阿里巴巴平台上的一员，从此开始参与到青岛当地假发行业最重要的一次转型升级。

"其实刚开始，青岛这边也是什么假发都在做。"阿里巴巴一位青岛地区的运营负责人回忆，正是因为当时有大量青岛年轻电商在互联网上活跃，他们才决定利用互联网优势，帮他们开拓市场、找到品牌定位。

专业化生产服务，奠定品牌基础

创业时曹其云决定单做，一个很大的原因就是与父亲之间生产理念不同。"我爸的思想是以生产为目的，我按时把货交给你就好了，至于中间是不是有一点瑕疵，他是不太在意的。"曹其云不认同他的观点，觉得要做就要把产品做到最好，才能有品牌核心优势。

刚开始在互联网上做外贸很难，他和妻子既没有询盘，也不懂电商平台操作，只会每天发广告到凌晨两三点才下线，直到半年后遇到一位乌克兰客户。那位乌克兰客户在本地非常有实力，但刚进入假发行业，对整个行业并不熟悉。当时乌克兰客户根据中国卖家的询盘回复速度、沟通情况，初步选择了 10 家中国商家做考察。

在青岛实地看货时，他也和曹其云见了一面。虽然当时曹其云去接机时车很破旧，不像别的厂商都开着豪车，人也最年轻，但带着他们在工厂看货时，乌克兰客户发现他对假发行业非常熟悉，每个生产环节都是信手拈来，对如何根据买家需求高质量地完成订单生产，也有自己的一套思考和设计理念。乌克兰客户最终大胆决定与他们合作，第一笔订单一签就高达 100 万元。

曹其云夫妻拿下这个大订单后，在青岛外贸圈曾经轰动一时，很多人都觉得他们运气好，"中了大奖"。风光背后，只有曹其云才知道拿下乌克兰客户的真正原因是对方在自己身上看到了一种与只会做代加工产品的老板完全不同的专业精神。

要做专业化生产才能在整个行业里脱颖而出，这样的理念为曹其云此后发展自己的品牌奠定了坚实的基础。

坚持品质化原则，促进业绩倍增

挖到第一桶金后，曹其云信心倍增，决定扩大生产规模，工人数量随之增加到二三十人。很快，他就面临新的考验——如何在生产环节确保产品质量达到自己的期待。

　　当时,青岛当地能招到的工人基本都是以前在代加工厂做工的工人。他们技术虽然比较熟练,但生产时总喜欢以代工厂的标准来对待曹其云的订单,对曹其云提出的更高标准要求也有点不以为然。以那批最终引发"剪发"风波的发帘产品为例,产品出来后他们都认为那些瑕疵对代工厂来说很正常,以前老板从来不觉得有什么,完全可以照常交货。家里人看后也觉得问题不大,劝他直接发走行了。

　　但曹其云心里却一直不舒服,看着这批产品,他陷入两难的地步。发走吧,客户收到货后肯定会不高兴,也会影响对方的后续订单;不发吧,损失由谁来弥补呢? 毕竟 40 万元是一笔不小的钱。他回忆当时的情况说:"我其实是个比较较真的人,不满意的东西坚决不给客户。但生产的工人和负责人根本没意识到。"

　　几经僵持不下时,曹其云突然当着所有人的面,从车间里拿起一把剪刀,当场抓起把一部分瑕疵贴发,"咔擦咔擦"剪碎了,随后宣布,这个订单不准发货,全部重做。曹其云的决定让所有人都震惊了。特别是工人们第一次发现,他和以前代加工厂的老板都不一样。曹其云随后全面接管生产,亲自把关产品质量。"霸道总裁"还在此后的劳务合同中增加了一项新规定,工人在生产时由于自己失误导致产品不合格,最高会被曹其云以"名誉损失"为由告上法庭。工人生产态度为之一变,产品不合格率也明显降低。

　　2012 下半年,追求完美的曹其云灵光一现,把一款主打英国市场的发帘产品的生产工艺重新改进。没想到货发到英国后立马成为爆款,当年工厂出口额一下就飙升至 2 000 万。公司一下进入高速发展的轨道,此后他趁热打铁,又推出两款爆款产品,市场反响都非常好,2013 年出口额翻番至 4 000 万,2014 年又翻番至 8 000 万。

坚守品质,行业混乱中新生

随着像曹其云这样的青岛假发企业在电商平台上的出口越做越好,2014 年,一批年轻创业者开始加入。阿里巴巴平台上的青岛假发外贸工厂数量,从以往的十多家一下增加到几千家,有些"公司"甚至只有 1 个人,也敢卖假发。鱼龙混杂之下整个行业质量自然参差不齐,以顺发产品为例,当时讲究产品质量的曹其云坚持 100% 用真发,但也有很多人为了降低成本故意在里面掺入假的头发,一时搞得国外客户对产品真伪难以辨识。

正所谓唇亡齿寒,电商平台外贸秩序变恶劣后,曹其云自然不可避免地受到影响。2015 年,公司不再高歌猛进,出口额只有 1 亿元出头,增幅明显低于以往。2016 年,增长幅度也不太可观。

这时,阿里巴巴平台开始新一轮升级转型,从单纯的信息展示平台变成交易平台,推出信用保障体系。信用保障体系主要是扶持信用良好、产品质量过硬的正规企业。当时,身处行业混乱的青岛胶州假发行业幸运地成为全国第一个信用保障交易试点区。大洗牌后大量没有实力、产品又不过硬的小公司很快就倒下了。

曹其云抓住这次机会,更加注重产品质量,也鼓励业务员和海外买家使用信保交易系统,很快他的平均信用保障单数高于行业平均值1 430%,"一达通"的走货量也高于行业平均值5 000%。这些成绩通过阿里巴巴平台的大数据分析和转换,帮助他获得更多海外真正有购买需求的大客户,让他找到合适的买家。

表 4.1　海逸年出口额增长表(单位:元)

年份	出口额
2012年	2 000万
2013年	4 000万
2014年	8 000万
2015年	1亿
……	
2017年	3亿

通过信用保障系统完成优胜劣汰,重新聚合了有实力、有品牌的行业资源后,阿里巴巴开始有针对性地在全球推广青岛假发,除了在网站端有意加大宣传力度,还与快递企业达成协议,不仅每单交易的快递费用比许昌便宜至少60元钱,极大地降低了物流成本,还针对假发是快消品、有时效性的特点推出国际货物"隔日达"物流服务。这样,中国卖家周一上午发货,美国买家周二就能收到货,极大地提高了货物周转率。

搭着这些扶持青岛假发产业的顺风车,整个青岛地区的假发行业很快就重新发展起来。

定制化创新,建立品牌核心竞争力

这次行业脱胎换骨,也真正让山东青岛假发行业迎来新的发展篇

图 4.4 海逸美国亚特兰大展会展台

章。借助互联网大数据分析,青岛老板们发现海外买家对手勾产品明显更为青睐,就转为集中做手勾类假发产品。这类产品完全不同于单纯的代加工生产,对设计和技术含量都有要求,利润也更为可观。从产品上优化了生产后,青岛假发牢牢占据欧美和非洲的高端市场。曹其云也享受到了市场环境整体优化后的利好,主攻欧美市场的他,2017 年其公司出口额达到近 3 亿元。

图 4.5　海逸技术研发团队探讨新品开发

假发行业很特殊，每个人脸型、肤色不同，对假发需求也不一样，很难"千人一面"。2016 年后，互联网对行业的渗透越来越大，价格变得非常透明，竞争更加激烈。这时，光靠一己之力提升产品质量，完全无法再推爆品了。尤其是近两年来，外贸领域还出现了一个新趋势——私人定制，海外买家的个性化订单明显增多，作为快消品的假发行业，这方面感触到的变化更为直观。曹其云的订单中，小单化的私人定制产品现在占到订单数量的 40％ 左右，发帘颜色也从刚入行时的十多种，发展到现在的 60 多种。变化背后，对工厂的生产自然提出更高要求，例如，需要增加很多道工序才能做到颜色自然渐进地变化，满足海外买家的高质量需求。

现在，曹其云必须得借助大数据分析才能准确预测市场。海逸设有专门的市场分析人员、数据分析人员、研发部、设计部，"单靠我一个人就认为这个产品可以火的情况，今后不可能再有了"。2018 年 3 月，阿里巴巴平台上举行的新贸节期间，公司上下非常齐心，新成交客户 196 个，成交额达 174 万美元，金额在全国同行业中排名第一。

曾几何时，中国凭借人口众多、生产成本低的优势，吸引了大量劳动密集型行业，但那时的"中国制造"在国际上又意味着廉价和低端。7 年来，曹其云主动抛弃以父亲为代表的代加工生产模式，选择电商平台做外贸，坚持品质化生产，打造自己的品牌，利用互联网大数据分析捕捉海外买家的新趋势，进而完成整个产业链的优化。

可以说，青岛假发充分利用互联网资源，在国际市场分工体系中从低端走向中高端的过程，为中国传统劳动密集型行业转型和发展提供了新的参考路径。

中国正能量

2017 年热播剧《人民的名义》中，大风厂厂长蔡成功精于世故、圆滑算计，招标不择手段。在相当长一段时间里，"蔡成功们"为了追求利润最大化，上演诸如价格倾轧、"宫心计"等商场大戏是再也正常不过的事情。但是，当越来越多中小企业发展起来后，他们开始自觉承担社会责任，在做海外贸易时自觉充当起传递中国正能量和中国新供应商的角色。

《老子》中说"将欲取之，必先予之"。这句话一直伴随德慧（大连）国际贸易有限公司总经理唐立斌左右，见证了中国外贸从 1.0 跨越到 3.0，截至 2017 年他的公司出口额达到 2 200 万美元，客户遍布全球 55 个国家和地区。在此过程中，唐立斌十分自豪的事情就是，身为中国供应商可以不断向海外传递一名企业家的家国情怀。

卖"救命药"中认识到工作的意义

唐立斌外贸做得很早，1992 年就开始了。早期是从事原料药出口，有一部分抗疟疾的原料药出口到非洲。提到疟疾，如今中国人已经很陌生，这种疾病已在中国被彻底消除，但在非洲一些落后国家，疟疾依然还在威胁着当地老百姓的生命。以全球疟疾高发的尼日利亚为例，仅 2015 年就有超过 19 万人因此死亡。

尼日利亚有家大药厂，在唐立斌刚做外贸就和药厂有合作，药物需求量最大时，唐立斌每年发往尼日利亚的出口额就有近 100 万美元。原料药到尼日利亚重新被分装、生产后，又卖到肯尼亚、埃塞俄比亚、坦桑尼亚等同样疟疾高发的周边东非国家。

在很长一段时间里，唐立斌像当时所有做外贸的人一样每年频繁往返于国内外各种展会，外贸对他来说就是一笔能赚钱的生意。直到有一年,他无意中在报纸上看到,国内一位挺有名气的企业家在东非偏远草原旅行时突然感染上疟疾,当时病情非常严重,所幸及时找到抗疟疾药才逃过一劫。唐立斌当时就想,这位中国知名企业家吃的救命药,不会就是他出口过去的吧? 这么一想,他一下觉得外贸生意很有意义。

此后,唐立斌主动调整了与尼日利亚那家药厂的合作。遇到原料药库存紧张时,他总是想方设法到国内其他厂家那里调货来充分满足对方的需求。有时尼日利亚药厂资金周转紧张,他还会破例同意他们延迟 2 个月付款——在外贸行业,同意客户延迟如此长时间付款其实是一件挺有风险的事情,但唐立斌从不后悔自己的选择,"因为这种药在当地确实太需要了,所以愿意继续和他们合作。而且我们也相信那家药厂的销售能力。"

后来,唐立斌还根据报纸上刊登的那则"救命药新闻",在公司组织了一场演讲比赛,让普通员工也认识到,自己做的工作对很多人来说其实很重要。从那之后,企业文化慢慢发生改变。2012 年,日本发生福岛核泄漏事件后,公司接到一批紧急订单,为清理核泄漏的工作人员生产集装箱房。为了在最快时间里让那批订单发往日本地震灾区,那段时间公司有位设计师每天晚上都主动加班到凌晨两三点,早上很早又去设计图纸。唐立斌说,如果不是出于一种社会责任感的驱使,那位设计师肯定不会在如此高强度的工作之下,连续支撑那么长时间。

多年接触中,尼日利亚那家药厂也感受到了大连德慧时刻闪烁出来的企业正能量。他们之间的合作不仅持续了近 20 年,还主动为唐立斌介绍非洲客户,非洲方面的业务量占到公司年出口额的 10%。最近,一位印度客户也在向唐立斌公司询价,介绍方同样是尼日利亚的这家药厂。可以说,唐立斌与尼日利亚的这家药厂之间已经超越了普通的生意伙伴关系,而且升华到一种家国情怀驱动下更高层面的互助、互惠。

1%的净水设备股份,100%的情怀

2017 年 6 月,唐立斌又和一位喀麦隆客户达成一项长期订单,每年出口一条洁净水生产线到缺乏干净用水的喀麦隆。

这是一笔"谈"了两年才最终达成的订单。2015 年,一位喀麦隆客户通过阿里巴巴国际站主动联系上唐立斌公司,但从业务员那里了解到洁净水生产线的报价和生产方案后就不再联系了,业务员以为对方可能不采购了,时间一久自然也忘了这件事情。谁知到了 2017 年春天,喀麦隆客户突然又出现了,叫业务员把此前提供的洁净水生产线方案重新修订后,就来中国看货。

当他们如约在大连见面时,喀麦隆买家才说起"消失"两年的原因。他告诉唐立斌,喀麦隆非常缺水,直到 2016 年全国饮用水供应率才刚刚达到 50%。由于缺乏充足的清洁自来水,许多农村居民只能

图 4.6　与喀麦隆客户合影

到河里自行取水，通过水传播的疾病患病率一直居高不下，有些地方甚至每年都有上百人感染霍乱死去。如果有一条洁净水生产线，就可以把井水或河水处理净化，让当地人喝上干净又相对便宜的水，从而减少疾病的传播。

　　当初在网上一番比价后，他对唐立斌公司的产品质量和设计方案都很满意。但一条完整的瓶装水净化灌装生产线大概需要 30 万美元，而且还得提前支付 30％ 的预付款，客户自身经济实力有限，只能拿出部分预付款资金。后来，在当地通过基督教教会发起"众筹"，从 1 500 位包括教师、牧师和居民在内的民众那里筹集到了剩余的资金后,才最终买得起唐立斌的这套设备。

喀麦隆客户的讲述让现场的唐立斌妻子流下眼泪,为了帮助当地居民改善生活条件,他们夫妻当场决定购入 1％ 的股份以示支持。唐立斌认为,虽然入股的这点钱不是很多,但给了客户一个他会持续关注这件事情、尽自己所能帮助当地居民改善生活条件的决心。唐立斌还告诉公司同事,务必要把这组设备的质量做到最好,成本降到最低。

图 4.7　唐立斌与喀麦隆买家签约仪式

唐立斌的这些举动让喀麦隆买家非常感动。喀麦隆买家认为,这条特殊洁净水生产线不是一单普通的外贸生意,而是体现了两个国家人民之间的友谊。在随后举行的签约仪式上,他让唐立斌给他找了一套中国传统服装穿上,唐立斌也打上了喀麦隆服装常见的法式领结。翻译人员拍摄的签约现场视频,后来还登上了喀麦隆当地的电视新闻。

办网商协会,帮别人就是帮自己

唐立斌做了 11 年传统外贸,直到 2003 年"非典"爆发,国内展会全部停办,很多国际航班也取消,生意受到严重影响。非常巧的是,这时他在报纸上看到一则阿里巴巴广告,于是开始利用互联网平台做外贸。2010 年,在互联网外贸领域深耕 7 年的唐立斌,主动发起成立了大连网商协会,帮助更多中小型外贸企业适应互联网时代的外贸发展特点,学习互联网思维和新的管理方法。大连网商协会前后吸纳了 120 多家中小外贸公司加入。

传统商业时代,商家做生意讲究"秘而不宣",只有守住"秘方""秘诀"才能在商场上立足。刚开始做大连网商协会时,身边有朋友就很不理解地问唐立斌,都说商场如战场,多帮一个同行就是多树一个敌人,现在生意本身就难做,主动去帮别人不是"自寻死路"吗?对于这些疑惑,唐立斌总是笑而不语,并有更加长远的眼光。他说外贸行业虽然门类不一,但管理、经验方法是相通的,别的公司出现的问题,自己公司肯定也会或多或少存在,只是暂时没有发现而已,帮别人寻找到问题的解决方法，最后也可以用在自己公司上。从这个角度说，帮助别人的过程，其实就是在帮助在自己。"何况如果你公司的成功'秘诀'那么轻易就被别人学到和复制，那肯定也不是真正的'秘诀'。"

2017年，唐立斌就和协会其他会员一起，处理了一桩员工离职的极端事件。这也是外贸行业困惑很多老板的一个"顽疾"。那位老板辛辛苦苦打拼多年，但员工队伍一直不稳定，经常是一个订单还没有做完，业务员就跳槽了。最让他气愤的是，一位资深业务员离职后成立新公司，几乎把客户资源都带走了。这位老板向唐立斌提出求助后，唐立斌和大连网商协会的另外几位资深外贸人一起帮他分析了公司动荡的原因，后来又给他上了诸如团队管理、企业文化培养等培训课程。经过一段时间培训后，这位老板表示在企业管理上的收获非常大。两三个月后，公司内部动荡的局面也开始得到有效控制。

正是在帮忙处理这件事情的过程中，唐立斌有一个最大的感受就是，外贸公司如果业务员频频跳槽，老板一定先找自身原因，不妨先问自己几个问题：你给员工提供了多少舒适的工作环境？有没有给他们足够的发展空间和足够的信任？如果这些都没有，员工自然就留不住，在离职时也很难做到好聚好散。后来，唐立斌在自己公司内部管理上也做了重大调整，主动下放了部分管理权，给资深业务员更多充分发挥才能的空间，还通过年底分红改革增加业务员与企业的联系，让他们更多地享有公司发展利好。

在唐立斌的公司,"工龄"最长的一位员工已经工作超过 20 年,工作了 10 年以上的员工也有五六人,他们都是公司事业发展的最好见证人。多年来,经过他不断主动调整公司管理制度,员工离职率始终稳定在 10% 以下。

"全球化的时代,中国中小企业能做什么?"这是一个唐立斌经常自我警醒,也会向别人提出的一个问题。他说,以前很多中国企业做生意普遍追求利润,有些人为了赚钱甚至以次充好、以假当真。那时做外贸,主要也靠中国市场可以提供大量低廉的劳动力和原材料,以及国内外信息不对称赚钱。

互联网的发展为中小企搭建了更大的外贸舞台,商业秩序和商业文明也被重新构建。当越来越多的"中国制造"销往海外时,企业必须要主动树立正能量形象,承担更多力所能及的社会责任,才能让企业口碑和软实力都得到提升,进而带来更多经济效益。

"90后"女大学生毕业不久投身创业,4年后公司发展到30人,年出口额突破上亿元人民币。

"80后"外企采购总监,放弃高大上的工作环境从零开始创业,短短2年时间,订单分别增长305％、380％。

"70后"大学教师,一没客户资源,二没销售渠道,启动资金也非常有限,却依托电商平台做成了"网上大公司",出口额在行业内数一数二。

"60后"农村妇女,搬过砖做过瓦匠,如今企业面积超过220平米,年出口额达千万美元。

……

1999年阿里巴巴平台创立,为成千上万的普通创业者提供崭新舞台和全新交易机会,无数草根企业也像雨后春笋般涌现、发展,成为外贸舞台上不可忽视的群体,为高速发展的中国经济注入新鲜活力。

都说外贸越来越难做,草根们为什么能在阿里巴巴平台崛起?他们究竟踩准了行业发展变化中的哪些关键节点,才实现成功逆袭?

草根企业的发展伴随着阿里巴巴平台 19 年发展。读懂草根崛起背后的秘密,也就理解了阿里巴巴为何要勇于自我革新,历经多次重大转型。

数据赋能

德国人性格严谨注重品质、英国人时效性很强、北欧人喜欢雄壮的风格……在数控雕刻外贸圈摸爬滚打 8 年后,1981 年出生的孙金元终于洞悉了不同客户的不同需求,成功将产品销往世界各地。

消费者从 IT 时代走向 DT 时代的过程中,在互联网上留下海量痕迹。用户是谁、分布在哪里、买了些什么东西,大数据分析就像 GPS 定位系统一样,帮助商家把市场动向了解得清清楚楚,原有的商业营销模式也被颠覆得彻彻底底。孙金元正是抓住了"数据赋能"的机会实行精准营销,进而品牌化经营,公司才从毫不起眼的

"夫妻店",发展到拥有 33 人的外贸企业,客户遍布全世界 100 多个国家和地区。

零资源做外贸,100%依托网络平台

大学毕业后,孙金元做过好几年药品研发和药品销售。结婚后想生活更稳定,便有了创业的念头。当时很多行业启动资金动辄就要几十万上百万,而他所有的钱加在一起只有 8 万,那还是准备在济南买房的首付。

2009 年的一天,孙金元坐出租车时无意间听司机说,济南来了些谈生意的外国人,他们都在网上做生意。他想到妻子就是英语系毕业的,何不尝试一下呢? 于是就叫她在网上做起济南常见的数控机械出口。孙金元算过一笔账,传统外贸成本太大,主要原因是供需双方信息不对称,导致信息获取的成本十分高昂,比如他们做的数控机械雕刻机销售要是走跑展会的老路子,光在展会现场陈列几台机器,成本最少都要 15 万以上。转为线上贸易,这些钱就可以省掉,于是他们决定完全靠互联网平台做外贸。

2011 年,孙金元也正式辞职和妻子一起打理公司。那时公司只有 4 个人,他们每天去工厂拍好照片后,不分昼夜地在平台上发布产品照片、参数和价格等信息,除此之外完全不懂任何营销方法。产品信息的发布区域,也是亦步亦趋地跟在当地出口商后面,将东南亚作为主攻市场。结果做了一两年都没什么起色,孙金元也不知道

原因何在,总觉得是宣传渠道不如别人多,一直就在不断追加广告投放。

"说白了当时就是一直都闷着头卖货。"孙金元回忆创业初期的困境时这样总结。数控机械出口行业入门的门槛不高,山东又是出口大省,当时阿里巴巴平台上类似规模的小企业不计其数。他没有海外销售渠道和人脉资源,要在茫茫"网海"中成功找到买家,实在是太难了。努力了两年多,企业经营始终不温不火,每年出口额只有 200 多万人民币,除去人工等各项开支,所剩寥寥无几。

借助大数据,供需双方高效匹配

时间转眼到了 2013 年。这一年被称为"大数据元年",无论社交平台、电商还是门户网站之间的竞争,背后都频频闪烁着大数据的影子。几乎所有世界级互联网企业,也将业务延伸至大数据产业,美国政府投资更是启动 2 亿美元的大数据研究和发展计划,将大数据上升到国家战略层面。

正是在这一年,孙金元参加阿里巴巴组织的网商培训学习时,第一次接触到大数据分析这个概念,发现大数据的出现彻底颠覆了外贸营销模式,如果再不改变只有死路一条。

传统方式做外贸,主要是根据人口数量、地理环境、风俗习惯等因素寻找客户,锁定的对象整体比较模糊,也不具备核心竞争优势。而大数据布局下的新外贸,是通过长期数据沉淀,将供应方与需求方的需求高效匹配，经过数据分析，外贸产品出口到哪些国家、哪里市场最大，完全一目了然。企业随之再采取差异化的精准营销方案，就可以极大地提高订单成交率。

孙金元立即将在阿里巴巴学到的大数据分析方法用到了自己公司上，重新寻找市场。当时，他在阿里巴巴平台上找出和自己公司质量、价格、定位都类似的产品，逐个分析并统计他们的市场分布情况。然后又利用海关出口数据和谷歌搜索结果，同样也输入与自己公司定位接近的品牌，看他们出口的国家和地区。多番渠道数据分析比对后，发现他们出口的产品以中高端为主，东南亚市场需要的只是低端机械设备，产品真正的需求地其实在欧美。大方向都走错了，怪不得公司一直经营没有起色，"没大数据思维前做外贸，觉得全世界都是客户，后来才知道市场要细分得非常清晰。"孙金元感叹地说。

借助大数据，供应商完成精准营销

不过，欧美市场那么大，孙金元怎样才能找到一个个具体的买家呢？

他制订了一套全新的营销策略，对客户群体做出分类，辨认出最有潜力的买家，然后才集中精力对他们进行精准推广。具体做法主要是通过大数据分析获得的关键词资源，行业内在电商搜索平台上的品牌词、竞品词、关联词，再分析热词和蓝海词，最终找出和海外买家搜索习惯高度相关的关键词。得到这些关键词后,根据不同国家买家习惯进行细分,再匹配不同的营销方案,比如德国人生性严谨,产品一定要专业;北欧人喜欢雄壮的产品外观,就改进出口当地的机械外观设计……一切都提前准备好后,当海外买家询盘时,业务员就能有针对性地实行营销方案,如此一来询盘转化率自然快速提高。

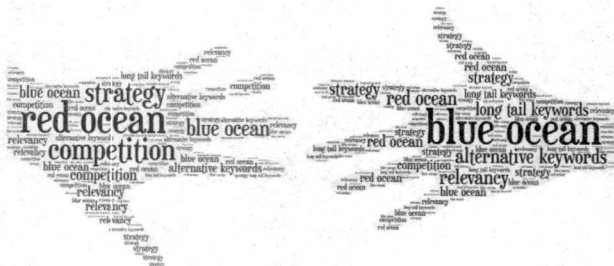

图 5.1 阿里巴巴平台关键词分析

"我们和同行业内很多人不同,终极目的不是营销推广产品,而是帮客户提供解决问题的方案。"谈到自己在大数据应用上的差异化优势时,孙金元说。对客户需求的洞悉,同样也是在销售与客户沟通中积累下来的信息基础上,再做数据化分析得出的,比如他们的侧面打孔设备,就解决了门在安装时的锁孔、打孔难题,而升降料装备,主要是针对装修时各种建筑板材搬上搬下不方便提出的解决方案。

在大数据的帮助下,孙金元及时调整了营销方向和措施后,公司开始走出困境,迎来新的发展。2013 年出口额提升至近 400 万人民币,2014 年翻至 800 万人民币,2017 年更是接近 3 000 万。

孙金元还会根据大数据分析拓展新的营销渠道。他密切关注各种渠道公布、预测的行业新趋势,并第一时间反馈到公司业务调整上。从前行业内普遍不重视非洲市场,但他分析这几年的行业大数据趋势后发现,南非其实有潜在的购买需求。经过有针对性地营销后,如今南非业务占公司比重的 8%,有效拓展了公司的销售渠道。

另外,2017 年公司近 3 000 万出口额的业绩中,来自加拿大的订单数量增长了 80%,也是根据大数据分析提前布局的成果。

借助大数据,草根企业品牌化运作

当公司发展走上良性轨道后,孙金元开始重视品牌化经营。他认为,经过多年发展,数控机械雕刻设备生产效率、产品、渠道、成本这些因素均在一定程度上趋于同质化,企业之间的差异化竞争只有通过品牌化运营,才能让买家记得住自己。

为了提升品牌含金量,他请深受国外客户认同的法国国际检验局对公司进行了质量体系的认证和把控,加入了金品诚企。同时也通过了国家质量体系认证 ISO9001,并得到了进入欧盟国家及欧盟自由贸易协会国家市场的"通行证"CE 认证。

就在孙金元全力朝品牌化方向努力时,一次意外打乱了他的节奏。某家与他早在 2009 年就开始合作的加工厂,生产一台设备时为了节约成本,擅自把关键性的配件用"山寨"产品替换,而孙金元当时对此却毫不知情。设备发到国外后,原本 5 年内都不会出故障,结果半年后就出了问题,买家维修时发现配件是"山寨"后非常生气。孙金元最后选择了退货,自行承担全部损失。

此后他非常重视产品质量,决定亲自抓生产,建立起自己的工厂。"主要是我将品牌定位为中高端产品后,发现和以前合作的工厂彼此理念也不一样了。他们觉得不就是做产品嘛,何必要求那么高。"孙金元无奈地说。经过努力发展,如今工厂已经有 33 人,产品质量得到完全可控后,客户好评度也越来越多。"Product can talk",孙金元总是喜欢这样自信地和客户说。他认为,企业生产的产品时刻都在无声地传递着重视品牌的企业价值观,他希望海外客户一提到自己的品牌,自然联想到的就是 Quality(品质)。

孙金元创业以来一个很大的优点就是擅于主动拥抱互联网,积极适应时代变化。2015 年起,孙金元的公司还形成一个不成文的战略规划:任何规划、布局都紧跟互联网时代外贸的最新趋势和变化。"现在外贸做得好的企业,都是抓住了网络时代的每一次变化。有的人现在还没有意识到变化不断在发生,总是犹豫着说得先研究研究。我就经常劝他们,跟着走就 OK,别被时代淘汰了。"

1980 年,美国著名未来学家阿尔文·托夫勒在《第三次浪潮》一书中,就预言大数据在未来工业革命中将发挥非常重要的作用,成为

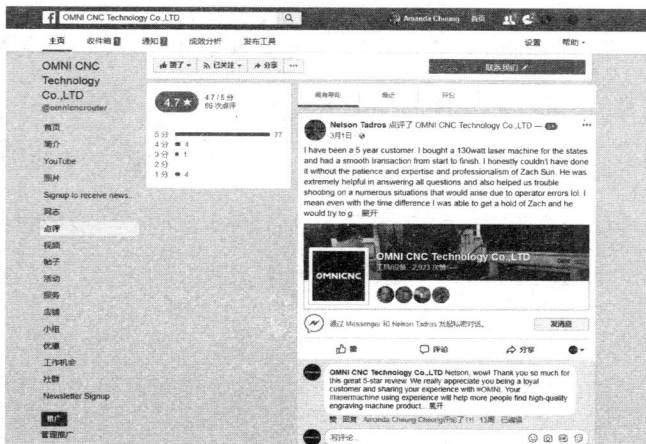

图 5.2 孙金元的公司在社交媒体上的客户评论

"第三次浪潮的华彩乐章"。阿里巴巴从 2010 年开始进行大数据布局,借助数据沉淀,为中小企业提供科学的数据分析服务,将供应方与需求方的信息高效匹配,帮助供应商精准营销。大数据在营销中的广泛应用,彻底改变了草根企业创业初期"盲人摸象"般的艰难探索,不断为他们提供有效信息指引和参考。

外贸 3.0 时代,大数据将会越来越重要,善用大数据者得"天下"。

信用助力

"我非常喜欢这个信用的时代。"接受采访时,沈阳海德科技有限公司总经理武昱很是感叹，多次反复说起这句话。

他总是想起刚做外贸时的艰难，尤其难忘当时与一位南美客户打交道的经历。那个订单前后辛辛苦苦谈了半年，临到最后却因"一年内免费维修"的售后服务承诺意外夭折，因为对方觉得"不靠谱"——中国往返南美一趟光机票就要 2 万元，一家小公司怎么可能有实力兑现这样的承诺呢？他们觉得这样的承诺有点像天方夜谭，最后索性取消了合作。

武昱的经历也是中国所有中小企业都有过的遭遇。尤其是早些年，中国经济在全球化参与过程中，一些买家为了获取更多利润不惜销售劣质、"山寨"产品，由此导致海外买家对"中国制造"有点不信任。统计显示，每年阿里巴巴平台都有高达 200 亿美元的生意因为买卖双方的不信任而无法达成。2015 年，为了解决网络交易的信用及信任问题，阿里巴巴再次升级转型，从单一的信息展示平台升级到跨境在线贸易平台，跨境 B2B 信用保障交易应运而生。

这次平台规则变化后，阿里巴巴通过大数据为中小外贸企业向全球买家做信用背书，替他们做交易保障，从而解决了国外买家的信用存疑，为中小企业顺利走向世界保驾护航。当时，平台上很多中小企业也抓住这次机会，树立起企业信用，走上快速发展的道路。

"线下我没有人脉和资源，但在线上凭着实力和信用，同样可以做网上大公司。"成功实现从老师向老板转型的武昱自信地表示。

没信用，生意谈半年也做不成

如果不是因为上了一门数控软件操作的课，"理工男"武昱可能现在还是沈阳职业技术学院机械工程学院一名普通的老师。

武昱进外贸圈的机会非常偶然。他在上课时了解到有种和传统切割不一样的水切割机技术，用水和磨料混合在一起，可以实现高达3倍音速的高速喷射，将金属、玻璃、陶瓷、非金属等材料切开。当时为了更好地讲授这门课，学校还派武昱到企业实地调研了两年。回来后，他对这个技术产生了浓厚兴趣，又重新加以改良，前后花了一年多时间设计出一台四轴水切割机，并成功申请到专利。

不过，武昱设计出来的机器虽然很好，但售价不菲，一台动辄就要几十万。而当时在高校工作的他没有任何销售资源和渠道，他决定充分利用互联网平台打开销路。2011年10月，武昱成为阿里巴巴国际站的一员。

刚开始，网上卖水切割机的中国人并不多，只要上传产品照片、设备参数、价格、售后服务等基本信息，海外客户搜索到后就会发来询盘。3个月后，公司就做成了一笔来自澳大利亚的订单，一下缓解了成立初期的资金紧张问题。但随着行业内越来越多的人进入电商平台，武昱的生意变得难做起来。当时他的竞争对手主要在南京，他们都是在行业内深耕多年的传统外贸企业，有些实力雄厚的厂家，光是厂房就有10万平方米。而武昱那时全部资金加起来不到10万，更没有自己的厂房。和他合作加工的工厂规模也很小，只有1 000多平方米。

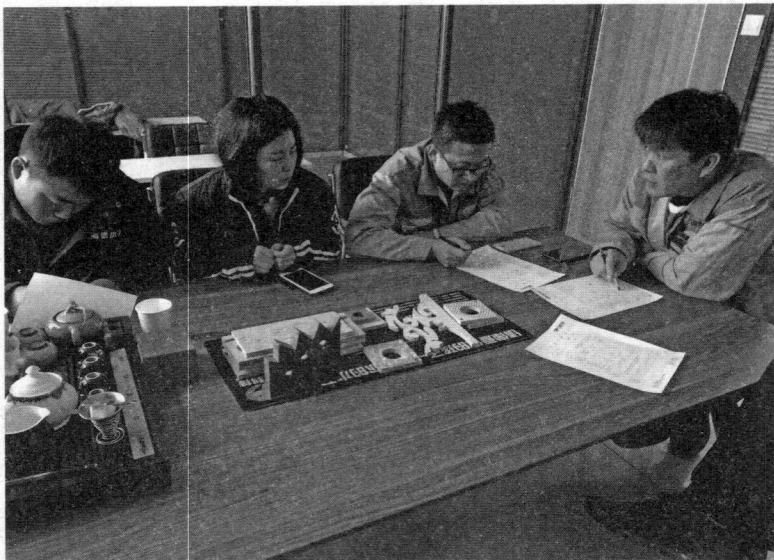

图 5.3　公司生产、设计、服务三方一起开会解决客户遇到的实际切割问题

按照传统的外贸路径和这些对手 PK，武昱可以说没有任何竞争优势。

"弱势"也延伸到了网上。武昱印象最深的是那笔来自南美订单，彼此前后接触了半年，买家却在最后时刻临时变卦。原因就是谈到机器的售后服务时武昱说，公司有 3 名售后工程师，可以提供为期一年的保修服务。对方一听反而起了疑心。他们认为，中国到南美来回一次机票就要 2 万元，万一设备老是出问题，厂家真的有经济实力实现每次都专门飞来解决问题的承诺吗？几经考虑后，对方还是选择了放弃。

类似情况武昱不止遇到一次。很长一段时间内，由于海外买家对中国供应商的信任度都比较低，外贸交易需要经手新加坡等第三方中间商。此后，即便跨境电商交易兴起，但平台只是展示了产品信息，彼此远隔重洋，素未谋面，精明的国外买家同样不会轻易相信"中国制造"。

尽管武昱一直都非常相信，自己设计的机器在全国来说质量都非常好，但要取得买家的信任却很难，"当时我没有别的，只有信用，但是没人相信。"说起往事，武昱现在还有些伤感。而他的这种困境，直到后来阿里巴巴平台提出新的解决方案后才得以彻底摆脱。

小企业也能成"大品牌"

2015 年，针对武昱遭遇到的类似不信任在阿里巴巴平台大量出现，阿里巴巴再次升级转型，推出跨境 B2B 信用保障体系。主要是根据用户的真实贸易数据为使用者评估信用保障额度，可视化交易记录以及数据化信用等级，帮助买卖双方解决交易过程中的信任问题。有

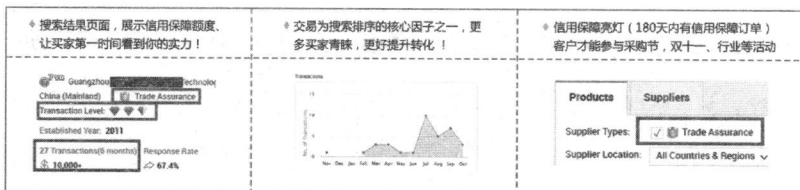

图 5.4　跨境 B2B 信用保障体系示意图一

了阿里巴巴相应规模的信用背书,中小企业就解决了在线交易中的受信壁垒。

武昱一直在高校从事计算机行业教学,天生对互联网变化非常敏感,当时正在苦苦寻找公司发展出路的他觉得机会来了,便大胆抓住这次平台规则变化。"线下我没有人脉和资源,但在线上凭着实力和信用,同样可以做网上大公司。"他自信满满,第一时间要求公司所有交易都走信用保障订单,为了积极推行新交易渠道的顺利进行,业务员每完成一个信用保障订单公司还额外奖励 500 元。靠着敏锐和勤奋,武昱很快就累积起不错的交易数据。

图 5.5　跨境 B2B 信用保障体系示意图二

阿里巴巴信用保障体系里,另外一个很大的亮点就是将企业交易数据化、透明化,解决了海外买家的不信任,交易自然也可以快速达成。此后,海外买家对中国产品的态度也明显发生变化。武昱回忆,以前做一个单子很大部分精力都是花在打消对方的信用疑虑上,从询盘、寄样品试切,再谈运输要求、售后服务,整个流程下来最快也要 3 个月。有了信用保障,买家看到阿里巴巴授予的信用额度后,对公司实力立刻就有了直观了解和信任,现在每笔订单平均20天就可以全部完成交易,曾经有位西班牙客户,询盘后7天就果断付款。

图 5.6　产品讲解,保证每一个零件都达到国际标准

用传统方式做外贸,很多国外买家担心产品质量问题,会选择亲自来中国验货,一来一回花费大量的时间和精力。信用保障体系推行后,买家可以申请第三方检验公司验货,这样也方便了双方的交易。

总之,信用保障体系的推出使得海外买家可以放心购买"中国制造",中国出口贸易也迎来新的机遇。搭上这趟"顺风车"的武昱,公司快速发展:2016 年出口额翻番,增加到 150 万美元;2017 年增加到300 万美元;2018 年,光是第一季度出口额就突破了 100 万美元。其中，2018 年 3 月份阿里巴巴平台上举办的新贸节期间，通过信用保障体系成交的金额就超过 30 万美元，询盘数量和平时相比增加了 300％。

智能制造，助推信用升级

在国际贸易分工市场里，在很长一段时间里中国只是做产品代加工，完全处于产业链的末端。摆脱草创阶段的步履维艰后，很多中小企业都意识到，要真正彻底解决海外买家的信用问题，提升"中国制造"的含金量，还要做"百年老店"，实现品牌化生产。

回想当初，武昱是在一无本金二无人脉三无厂房的情况下误打误撞进入外贸这行，那时一心就想着将昂贵的机器卖出去，完全没有品牌意识。2015 年，阿里巴巴信用保障系统刚刚推出时，武昱的信用保障额度并不起眼，只有 2 万多美元。随着公司快速发展和出色的平台交易数据情况，阿里巴巴对武昱的信用保障额度已经升至近 100 万美元，在全国同行业内排名第一，且超越第二名的信用额度高达 50％。荣誉之下武昱一下有了品牌意识，开始主攻品牌化运作。

武昱发现，传统外贸中水切割机行业的订单是大批量的，而在未来，小批量、多批次、个性化订单才是全球发展的趋势。但遗憾的是，目前全球行业内提供的设备都是通用型的，根本无法满足互联网时代客户的新需求。他决定将公司定位为"提供个性化定制切割方案"的供应商，在此基础上做系列品牌运作。2017 年底，武昱和一家品牌策划公司签订了品牌运作方案，计划在全球市场推广他设计的 6 款不同材料的水切割机，进一步细分市场，深度锁定客户。

互联网时代的新外贸，还会越来越注重用户体验，在这种趋势下打造完善的产品售后服务体系，更是维持企业信用的必要条件。出口到国外的水切割机行业，普遍面临售后服务难的问题。目前，武昱正在尝试用大数据来解决这个难题。他打算在每台设备的内部都增加智能传感器，随时捕捉磨料用量、水量、切割速度、压力波动等技术参数。这样，每台设备在全球各地的状态都可以实时传回公司后台数据库，公司通过监控和计算，第一时间判断、掌握设备的运行情况，有潜在隐患可以及时提前告知客户。武昱说，一旦他的尝试成功，便可以带动公司产品往自动化、智能化方向升级，实现从"中国制造"到"中国智造"的飞跃。

说起诚信，不得不提到全球贸易史上荷兰商人的崛起。

16 世纪末，一艘荷兰商船在经过俄罗斯一个叫三文雅的岛屿时被冰封的海面困住了，只能等到来年冰雪融化才能继续航行。商船上除了船长还有 17 名水手，零下 40 度严寒之下，他们缺衣少食，生命受到严重威胁。而当时，只要把货物打开，里面就有他们亟须的衣服、药品。但船上所有人都一致认为，那是客户委托的货物，他们坚决不能随便打开。

冰天雪地之下，船长带领水手依靠打猎为生，期间 8 名水手相继死去。8个月后,当幸存下来的水手把货物完整地交到委托人手中后,整个欧洲都被他们坚守信用的精神震惊了。此后客户蜂拥而上,荷兰赢得"海上马车夫"的称号,为整个国家在近代崛起奠定重要基础。

自古以来,中国人也非常重视诚信,《史记·季布栾布列传》中还衍生了成语"一诺千金"。互联网时代,跨境 B2B 信用保障交易的兴起将不诚信的商家残酷淘汰,有诚信的中小企业则分享到时代红利,这个过程正是将"诺"变为"千金"。

更重要的是,信用保障体系打破传统,建立了一套新的评判规则,所有大中小企业参与国际竞争实现了机会平等。新的商业沃土培育之下,成千上万诚信又敢闯的中小企业就这样蓬蓬勃勃地发展起来了。

管理创新

----

33 岁的南通洛克流体设备有限公司总经理徐丹,绝对是闯入外贸圈中的一匹黑马,入行短短两年时间就取得很多成绩:2016 年订单增长 305%,2017 年增长 380%,带领的团队还创下订单最快成交时间 2 小时 20 分的记录。

干练、瘦高的徐丹在外贸圈被称为"超级丹",其实他的成长之路每一步都走得踏踏实实。大学毕业后进了外企,从一名普通的基层员工做起,逐步升至大型制造外企的采购总监。2016 年,喜欢挑战的徐丹选择了从完全陌生的机械加工行业开始创业。与从前高大上的工作环境相比,当时他的创业合伙人公司规模不大、经济实力也不算雄厚。新官上任后,徐丹没有急着烧"三把火",而是先研究了一番中国外贸发展历史。在仔细分析了过去 5～10 年历经的行业变化后,徐丹决定对公司发展方向进行重大调整,从原先单一的线下交易,转成主要在各种电商平台进行营销。

徐丹还发现,机械加工在国内已经发展得非常成熟,过去几十年里工序一直都没有太多变化,这意味着根本没法在产品上做更多创新,唯一能做的就是在企业管理模式上进行大胆创新,进而重新激发工厂和供应商的活力,这样才能在激烈的竞争中实现弯道超车。

新模式一: 联合体的抱团成长,共享成功

2015 年,为了彼此进步和资源分享,徐丹的合伙人与另外两家外贸公司老板一起在南通一个工业园区里联合办公,并成立了一个用于培养人才的电商学院。

互联网时代最重要的精神就是分享,徐丹加入创业团队后,认为这种联合办公的模式很好,决定将其做大做强。他在原有基础上新加了联合招聘、联合培训、联合 PK、统一运营等内容,形成联合办公管理模式。这种"联合体"的模式在国内中小企业外贸管理团队中也是一

次创新。

联合办公模式中,徐丹最为看重的是造血功能,也就是企业人才培养。尤其是统一运营这块,打破"联合体"中原有公司各自为政的人事格局,将所有员工纳入统一管理,再根据每人擅长的领域将其划分到不同的培训版块,这样可以最大程度发挥团队中的人才优势。比如有的业务员擅长做平台营销,就叫他做平台营销培训;有的业务员对网站、社交端平台非常熟悉,就负责培训网络平台的应用和操作。如此一来,"联合体"中的人才优势得到最大程度发挥,相当于每个公司都有了若干出色的业务员,一下就提升了整个公司的业务能力。

继创始人之后,徐丹还再次为公司注入了重视分享的企业文化基因。业务员晋升到公司主管,主管晋升到公司高管,一个非常重要的考核依据就是有没有帮助他人的意愿和能力。徐丹解释说,如果一个人不愿意帮助别人,不愿意分享自己的成功经验,也做不到先人后己,是没法带团队的,这样的人自然也不能成为公司管理者。

"联合体"刚成立时,只有3家公司参与。2016年,徐丹接手后发展到5家。当年"联合体"内的资源经过整合后,每家公司的业绩都有明显增长,最少的一家增幅都在50%以上。2017年"联合体"发展到12家,业绩增幅也更大了,平均在100%到200%以上,且全部跻身行业TOP10。

新模式二：花"血本"培养"90后"新人

阿里巴巴平台的最新买家画像显示，海外买家平均年龄39岁，其中年龄在25～34岁之间的买家占比31%，他们更愿意选择以移动、即时通讯和网络连接的方式处理外贸事务。而中国的"90后"是公认最熟悉互联网，也最有互联网思维的一代人，徐丹认为，外贸企业培养的"90后"业务员的多寡，很大程度可以决定企业能否抢先抓住新的商机。

徐丹自己是外企采购出身，可谓深谙买家心理。早在2016年，他就从买家视角重新布局了公司发展框架，成立了全新的销售中心，员工洽谈方式全都围绕买家体验来做，在员工培训中重点也是围绕买家"想什么、要什么、担忧什么"来展开，提高了买家信任度和询盘成交概率。

与很多外贸公司常见的老业务员带新人这种传统的"师徒"式培养不同，徐丹的"联合体"在人才培养上非常舍得花成本。一个业务员从招聘进来到正式入职，整个人才储备期长达四个月，期间包括一个月的培训时间和三个月的试用期。平均下来，公司支付的全部培养成本就高达万元。

外贸圈中业务员流动频繁，很多老板都担心业务员成长起来后就要跳槽，为何徐丹还要反其道而行之，在人力培养上做如此大手笔投入？徐丹说，他专门研究过"90后"求职心理特征，他们与"70后"、"80后"业务员完全不同，最看重的是公司有没有发展前景，在里面能否学到东西,自我价值有没有被认可和发挥,收入是他们最后才会考虑的问题。因此,徐丹有针对性的业务培训非常受"90后"员工欢迎,人才队伍一直也比较稳定,离职率控制在15%以下。

另外徐丹也算了一笔账,以每家公司两年招了10个新人为例,就算最后只留下来1个业务员,这个业务员一年内可以带来近20万元的经济效应。刨除前期培训成本,公司不仅没有亏本,还能从人才培养中得到回报,因为这样培养出来的业务员一旦进入外贸实战,立刻就展现出很强的能力。2016年和2017年,徐丹公司业务增长都高达300%以上,其中新人的贡献量就分别占到45%和55%,甚至有员工正式入职仅4天就单独完成一笔交易。

新模式三:供应商小工厂的大贸易

如今做外贸,海外小微买家越来越多,订单越来越碎片化,有的客户最少时一次可能就只下单100件产品。遇到这种碎片化的订单,很多外贸公司都特别发愁,因为传统代工厂更愿意做大批量生产。徐丹的工厂规模并不大,只有37人,将近70%以上的产品都是由供应商完成,可以说对供应商的依赖相当大。但奇怪的是,哪怕他接的订单数量再小,供应商都是二话不说就开始生产,背后原因又是什么呢?

徐丹说,这里面涉及与供应商之间合作思维的彻底改变。以前,很多外贸公司把自己当成上帝,认为给了供应商订单,是他们的"衣食父母",对方自然应该优先完成自己的订单。这种合作关系其实是不对等的，也不能建立一种长久牢固的合作关系。所以，徐丹延续打造"联合体"时的资源整合观念，创造出"小工厂、大外贸"的商业模式，把自己与供应商之间上升到战略合作伙伴关系，将企业管理环节直接延伸至上游供应链环节，打造出一种能针对互联网时代变化、随时灵活调整生产的新型合作关系。

图 5.7　徐丹的供应商管理体系

　　徐丹对供应商的管理有六大板块：寻源、价格管理、合同管理、绩效考核、供应商生命周期管理、供货比例管理。他解释，"小工厂、大贸易"的理念其实是巧妙利用了"中国制造"发展到今天形成的得天独厚优势。经过改革开放 40 年发展，中国很多代工厂的生产已经在全球范围内做到了极致，既可以把产品质量做得非常好，又可以将成本控制到意想不到的低水平。徐丹决定充分利用这种优势，对他们进行灵活调度和分配。举例来说,假如一个产品有 6 道工序,传统的生产方式是交给一个工厂全部完成。而现在,他把 6 道工序拆分给 6 个工厂,每个工厂只做自己最擅长的部分,再由自己工厂负责最后组装,并打上他的品牌 Logo,如此下来,保证质量、降低成本也提升了效率。

徐丹胆大,但心也细。在整个生产环节,他会派出公司精心培养出来的团队成员全程参与管理,帮助对方提高生产效率、完善生产工艺。经过他们的介入,一家供应商的生产周期可以由 30 天缩短到 20 天,合格率从 95％提高到 99.5％。如此双赢的合作,供应商自然是求之不得。

2015 年徐丹创业之前,合伙人的出口额只有 35 万美金。经过系列布局公司在 2016 年开始爆发,当年订单就增长了 305％,到 2017 年更是增长 380％多,出口额达到 581 万美金。

总结成功经验,徐丹最强调的是管理模式变化背后思维模式的相应改变。他说,用传统方式做外贸,工厂生产、代理什么产品,就卖什么产品,这完全是站在卖家的立场和思维在做。而互联网时代,买家心态和群体已经发生重大变化,必须扭转思维模式,了解国外买家需要什么、担忧什么,然后根据他们的需求来进行公司的"顶层设计"。

徐丹的公司"顶层设计"管理方案中,最核心的思路就是育人。针对入职员工,运用联合招聘、联合培训、联合 PK、统一运营等方法,将不同公司的人力资源整合起来，形成分享的企业文化，提升了平台整体战斗力。针对"90 后"新人，充分尊重和满足他们对成长的精神需求，在为期 4 个月的大手笔培养中淘汰、选拔出精兵强将。针对供应商，提出"小工厂、大外贸"理念，把彼此之间的简单合作关系上升到战略合作伙伴地位，一起成长、互利共赢。更为重要的是，这种新型的合作关系也特别适合当前外贸小单化、碎片化的趋势，因此徐丹才能在新的商业环境下心无旁骛地开疆拓土。

"公司管理的核心是老板，老板的思维又最重要。"徐丹如是总结自己成为"超级丹"的秘诀。

图 5.8　徐丹的模式

如果我们梳理一下草根外贸企业在互联网时代崛起的路径，可以发现他们全部都主动顺应时代变化大潮,敏锐抓住行业变革机会。尤其是年轻的徐丹在短短时间内强势崛起的过程中,他体现的洞察力、抉择力,以及主动迎接变化的勇气,是很多传统中小企业主缺乏的。同样,武旦一年中花在学习上的时间也非常多。他多次强调,自己虽然创业前在大学教计算机,在"70后"中算是很有互联网思维的人,但如今的时代在加速发展,唯有抓紧学习、保持危机意识,才不会被淘汰。

企业管理者的理念再好,还要落实到具体行动。企业管理者的思维和高度,也决定了企业发展所能达到的高度。所有快速崛起的中小企业中,管理者都擅于培养团队,把自己的理念注入公司日常组织层面。他们还对业务员专业知识进行定期培训、团队间毫无保留地分享、对供应商进行专业管理,乃至重视组织文化和团队文化打造等,这些举措都为企业整体能力的全方位提升提供了软实力方面的支撑。

在产品方面,新一代中小企业管理者也决心一改以往"中国制造"的刻板形象,重视产品质量,建立起良好的国际信用,通过自己踏踏实实的努力,在国际上重新塑造"中国制造"形象。

从白手起家到跻身行业精英,中国草根中小型企业正是借助互联网平台,成功地在世界外贸舞台上大放异彩。

第六章
中国供应商新出海

在伦敦、伊斯坦布尔或者开普敦，当一位年轻的海外卖家拿起手机登录阿里巴巴平台时，他只想用最短的时间找到优质的供应商、优质的新产品，并希望能得到确定性的服务——比如下班时，订单在遥远的中国就开始如约生产——这是从 2017 年开始，世界范围内出现的外贸采购新场景。

这一年，整体跨境贸易市场趋势也发生重大改变。如前文所说，从"商品短缺"变为"商品过剩"，市场话语权也逐渐由卖方市场转向买方市场。在新一轮海外买家的数据统计中，零售商、批发商占比高达46％；呈现出买家规模小 B 化（年采购额低于 50 万美元）、大 B 订单碎片化等新趋势。

2017 年，阿里巴巴平台顺应外贸趋势新变化，再次做出大幅升级调整，从买家体验出发，推出"优商、优品、优服务"，推动中国供应商从

"中国制造"变为在全球市场都有知名度和美誉度的"中国之造"
(China Made)。

优商（一）

　　"什么奖？金牛奖？"2018 年 4 月一个平常不过的工作日，青岛森
特瑞进出口有限公司总经理王介军像往常一样忙于开会时，突然接到
一个电话。电话里，阿里巴巴青岛区域总经理非常激动地说，他被评
为首届金牛奖十大优商。

图 6.1　金牛奖获奖时刻

　　优商是阿里巴巴为提升中国供应商整体能力提出的新方向，指能引领外贸行业，具有较强电商服务能力、研发设计能力、生产制造能力和服务意识的国际站优质商家。而金牛奖是阿里巴巴针对中小企业网商颁发的最高奖项。王介军就是国际站平台上 13 万从事跨境电商交易的中国供应商中唯一一位金牛奖获得者。

传统业务转型电商运营，突破企业发展瓶颈期

森特瑞成立于 2008 年，但有点生不逢时，创业不久就遭遇经济危机，订单量急剧下降，无奈之下王介军开始像传统外贸人一样到处去参加展会。2009 年 3 月，当他带着样品出现在芝加哥行业展会现场时，却发现展馆三分之一的面积都关闭掉了。"那时候我脑子一片空白，想这该怎么办？"即使是多年后的今天，王介军仍记得站在空荡荡的展会现场时那种无措，他当即下定决心要改变做外贸的传统模式——不能再被动接单，不能只从现有客户中接单，而是要开拓新的渠道主动出击。

2009 年 6 月，随着全球经济开始复苏，海外订单行情重新回暖。此时的王介军并没有放松心态，依然充满危机意识，在森特瑞内部做了深刻变革。他建立起自己的直营网站，找专业摄影团队做产品素材采集，并要求同样一个产品，要在标准面积上进行五个角度的专业拍摄……这些行为，一度让当时很多同行觉得他是一个"不务正业"的另类。

2010 年，王介军成为阿里巴巴平台上的一员。入驻阿里后，他对外贸形势更是有了深刻的判断：传统外贸市场份额在逐年下滑，刚刚崛起的互联网跨境电商却势头很好，必须要更加重视电商运营。

当时很多外贸公司的做法是，业务员既负责询盘、跟单，又兼做电商运营，王介军认为这样很容易让业务员两者都无暇顾及，效果反而很差。于是他做了个大胆的决定，成立专门的电商部门，招聘专职电

商运营人员。电商部门在他公司起到"瞭望塔"的作用，通过大数据收集、分析，进行市场预估和活动运营。一款新产品初期投放市场后，公司通过市场份额预估、广告投放配合视觉营销，快速把产品打入目标市场。业务员则发挥"助燃剂"的作用，需要更好地深入市场，了解客户需求，服务客户。他认为，"双剑"合并才能稳步前行。

"每次我们装修完阿里旺铺后，总有些竞争对手在模仿，甚至还有对手拿我们的品牌名打广告。但我们从未被超越。"王介军开玩笑说，秘籍就在于让专业的人做专业的事，效果自然事半功倍。

王介军非常重视产品的信息展示，而他的这支专业电商团队在实践中也时刻保持"战斗民族"般的锐气。2018 年新贸节上，当国际站要求每家公司提供 3 支视频时，森特瑞竟然一口气提供了 100 条不同角度的视频让行业小二去选择。

重视用户需求，做个性化产品

2013 年 6 月，王介军到奥兰多参加展会。当时，森特瑞在全球市场已经积累了非常不错的口碑，于是他不惜成本做了一个中国展商中最奢华的展位，"主要是想告诉全世界客户，还有我们的同行，中国人完全有能力做世界上最好品质的产品。"

就在展会开幕前最后一天，王介军去验收摊位时发现，产品展示效果跟他预期的有点不一样。原来的设计方案是，白色无瑕的天然大理石产品搭配冷光灯照明，而搭建方采用了暖光灯，这就导致视觉呈现效果不太好。王介军是个在产品细节上追求极致的人,当即决定全部更换冷光灯重新布置。这种灯并不难买,遗憾的是,他开着车跑遍展会附近所有超市都没买到,很多家超市都说库存不够,得一周后才能调到货。最后他只得以每盏灯 1 万美元的天价,从会展方购买到头灯,方才达到他满意的视觉效果。

图 6.2　森特瑞独特的展会文化

这件事对王介军的触动非常大,他发现常规性的订单在减少,越来越多的客户开始有了个性化需求和工艺要求,"一下感觉到市场的风向有所变化",从美国回国的航班上,他决定成立自己的产品设计开发室和独立的实体工厂,做个性化优品服务。

此后全球外贸趋势发生的变化表明他敏锐的判断是正确的,也正是凭借着产品设计、产品工艺和根据市场需求为导向的新制造,才使得公司后来成为阿里巴巴平台上的实力优商。"商业最本质的东西是产品,客户在阿里平台也好,其他平台也好,都是想找到他们需求的产品。"王介军说,所谓客户体验,首先是如何让他们更高效地找到产品,因此需要像阿里巴巴这样的平台;而供应商要做的是,了解平台运行机制后让客户最先看到公司产品。但更重要的是,怎样才能快速挖掘并满足客户需求,做到这一点其实也就是达到了良好的客户体验。

个性化需求背后对产品研发和创新能力都提出更高要求。森特瑞的客户包括了全球悉数耳熟能详的知名超市、行业采购商,为了满足采购商每年不断创新的产品需求,森特瑞的独立设计工作室里,光是马赛克产品的外观专利就有百余个。

"作为外贸人,在过去两三年间我们经历了特别多,也感受到了外贸的艰难和转型。"王介军说,过去很长一段时间里,中国供应商都专注在"复刻"海外模式。而现在国际贸易形势发生了变化,越来越多海外买家使用微信与中国供应商沟通交流,越来越多的买家选择用阿里巴巴平台获取商机和完成订单,也愿意来中国进行深度交流。

在杭州领金牛奖那天,王介军见到了另外九位大奖获得者,他们分别来自"1688"零售通、农村淘宝等各个领域。当他们站在舞台上收获雷鸣般的掌声时,这已经不再是简单的对优商领袖的表彰,更是对获奖者成功模式的肯定,也是中国模式出海战略新的开始。

优商（二）

2017 年 2 月，"80 后"的屈会晶开始用阿里巴巴平台做外贸创业。短短一年时间里就成为山东省济宁市成长速度最快的中小企业之一：机械行业内平均成单时间约 6 个月，她不到 1 个月就拿到了首单；平均一年才能收回成本，她半年就有了盈利。公司 2017 年销售额 800 万人民币，2018 年光是前三个月订单就同比增加 1 000％，预计全年销售额将实现里程碑式的新增长。

互联网平台上外贸公司普遍都崇尚"狼性文化"，但屈会晶的公司却相对随性自由。如果没有特殊情况，公司作息和内贸企业没有区别，早上 8 点半上班，下午 5 点半下班，"周末不提倡加班。"她笑着说。此前，屈会晶的工作经历也很简单，大学毕业后在深圳一家台资企业做白领。2014 年回到老家山东济宁，在一家机械产品制造公司做外贸主管，直到 2017 年创业。这一年恰逢跨境电商出现发展新机遇，勤奋开朗、做事有闯劲的她果断抓住风口，快速成长为阿里巴巴平台上的三星优商。

做优商，信息展示要重买家体验

三星优商是指能引领外贸行业，具有较强的电商服务能力、研发

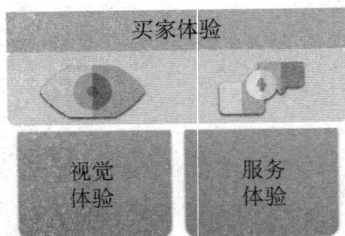

图 6.3　买家体验的特点

设计能力、生产制造能力和服务意识的阿里巴巴国际站商家。

2017 年,阿里巴巴国际站海外买家出现系列新趋势,买家寻源习惯发生改变,70％的海外买家以品找商。变化之下要求卖家从买家体验角度展示产品信息,及时做出信息展示角度调整,这是屈会晶电商服务能力超强、从一名普通创业者蜕变成优商的重要原因。

不过,刚开始做外贸时,屈会晶并不注重买家体验,那时一心只想着怎么从视觉上吸引海外买家,视觉评判标准也完全从自己的主观感觉出发:图片上传得比较随意,有的是机械设备在流水线上,有的是在车间里,有的是在码头等待装运。为了让图片醒目,还喜欢打上加粗的红色边框,并在上面尽可能多地 PS 上诸如欧盟认证等产品质量信息。可以说,那时屈会晶的产品展示照片信息庞杂,也毫无美感。

2017 年下半年,阿里巴巴捕捉到海外买家群体购买习惯出现新变化后,及时对平台上产品的发布规则做出重新修订,要求店铺从买家体验出发,优化图片风格统一,呈现严肃卖家、严肃商品的视觉效果。"当时我一下就被点醒了。"屈会晶回忆,她突然意识到各种不太专业的展示信息很容易给海外买家一种"中国制造"廉价的感觉,于是在第一时间对店铺中的所有照片进行修改。

这是一项浩大的工程。当时她在阿里巴巴平台上展示了 6 000

图 6.4　屈会晶公司阿里旺铺海报

多个产品,经过筛选后只留下展示信息更为明确的 3 000 多个产品。在这3 000 多个产品中,每个产品又配有 6 张展示图片。于是,动员全部业务员紧急学习 PS 技术,公司罕见地破例加班,硬是只花了 1 天时间,就把近 2 万张图片全部重新处理了,最终呈现出干净、明晰的展示风格,一下从视觉上提升了买家店铺浏览时的视觉体验,有力提高了询盘转化率。

做优商,要具备多媒体营销能力

阿里巴巴调查还显示,35 岁以下的跨境电商购买群体从 2014 年的 30%,上涨到 2017 年的 60%,手机端买家数量也超过传统的电脑端买家,比重占到 50% 以上。因此,针对年轻买家群体的购买习惯,跨境 B2B 电商平台上多媒体类信息的使用也越来越重要。除了视频,年轻的海外买家还喜欢 AR、VR、360 全景展示等新型媒体展现形式,这些新媒体技术可以帮助他们更全面快速地了解供应商和商品,减少由于时间和距离带来的隔阂。同样,供应商通过丰富多样的多媒体信息展示,也可以成功吸引买家注意。

买家购买习惯变化之下,对于跨境电商平台而言,需提供全内容制造链条的支撑,帮助供应商快速具备多媒体营销能力,更快速地适应买家对信息展示需求的新变化。2018 年起,阿里巴巴平台开始支持信息的多媒体展现,鼓励供应商上传视频、动画、全景等形式的内容。目前平台上使用产品视频的商家达到 5.7 万,海外买家可以看到视频产品介绍的商品数量已经超过 520 万个。

这方面,屈会晶可谓是"先吃螃蟹的人",早在创业之初,就意识到买家询盘时使用视频展示的重要性。当时,她不仅要求团队所有女业务员会简单的机械设备操作,还给她们各自录了一段 40 秒长的视频,在与海外买家在线聊天或者发邮件时主动发给对方。这样做起到的沟通效果也非常明显:一是原先产品介绍要花 10 分钟左右,现在一段视频就可以搞定;二是海外客户看到年轻的女业务员都可以操作大型机械,会心生好感,给人一种该机械设备操作简单、便捷的印象。一位新西兰客户就是看了业务员发的挖木器操作视频后,连价格都没多问,一周之内就付了定金。

2018 年阿里巴巴国际站升级后,屈会晶也对视频内容进行优化和重新定位。展示的机械设备操纵视频全部改为由统一着装的工程

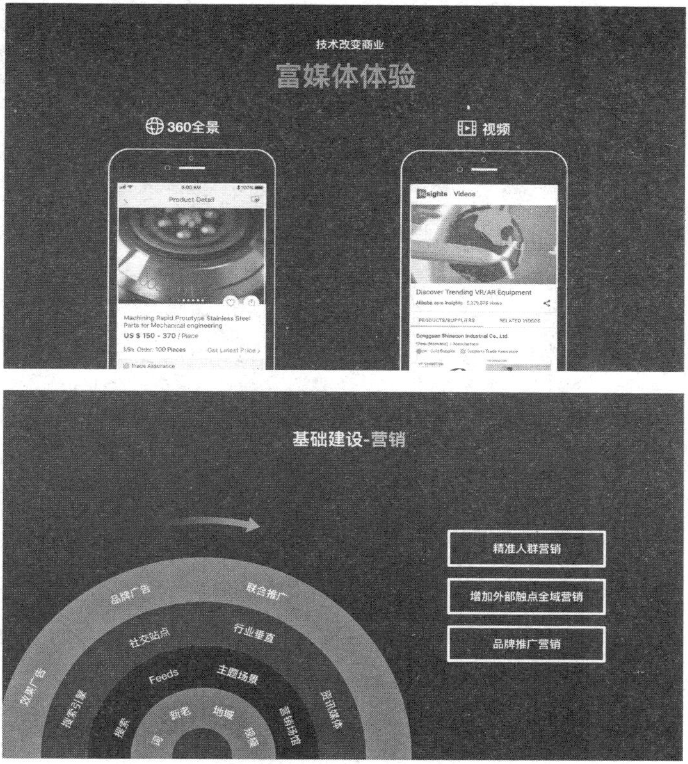

图 6.5　Alibaba. com 多媒体营销示意图

师负责操作,操作动作也更加专业,给人一种严谨的企业新印象。而
与买家进行线下沟通或邮件往来时,继续打感情牌,把女业务员操作
机械设备的视频发给他们。

屈会晶还判断未来跨境电商发展趋势是,买家可以在阿里巴巴平
台上像在淘宝购物一样打好评或者差评,这样优商会更加脱颖而出。
从 2017 年底开始,她就主动提醒客户在收到订单后做出评价。尽管机械设备出口行业从支付定金到设备漂洋过海交到客户手中,整个交易流程全部完成需要 3 个月时间,要得到好评并不容易,但现在已经有买家给她打了宝贵的五星好评。

根据新趋势,主动调整公司布局

2018 年 3 月,阿里巴巴平台上的新贸节在全球掀起外贸狂欢,屈会晶公司也表现突出,每天访客量从往常的 300 个上升到 2 000 个,平均日询盘 26 个,整个新贸节期间线上线下营销金额有 22 万美元。新贸节结束后,她根据大数据分析发现的新趋势,及时、主动地对公司在 2018 年的整个营销进行重新生产布局。

公司通过这次新贸节找到了大量潜在客户,她要求业务员将这些客户进行分类,通过线下电话、邮件联系等方式加强后续沟通交流,争取将潜在客户尽量转化为真正客户。

另外还发现行业变化新趋势就是,以前东南亚客户居多,占公司 30% 以上,随着阿里巴巴平台在海外影响力越来越大,欧美客户开始明显多起来。但欧美客户与东南亚客户不同,对产品要求更精细和严格,比如欧盟客户要求产品具有 CE 证书,美国客户要求机械设备的发动机要有 EPA 认证。

屈会晶又调整公司的营销策略:首先是改变产品展示顺序,有 CE 证书、EPA 认证的产品全都在店铺首页着重推广,视频介绍的使用力度也明显增加。其次是主动对产品质量进行升级,为此采购成本增加了 10％。生产方面质量要求也更加严格，整个公司所有产品质量都相应提高了一个等级，但设备价格却不变，这也成为屈会晶公司随后着力宣传的一个卖点。

屈会晶针对欧美市场生产的机械设备，同样也投放到了东南亚市场。很多人都疑惑，现在东南亚市场不是做得挺好的吗，为什么要主动进行产品升级呢？"要用质量说话，才能保证客户和你一起走得更长远。"她解释说。事实证明她的判断是正确的，产品更新后在东南亚的市场占有度更高了，不少客户收到样品，本来只要一两台设备，变为直接采购一两个集装箱的设备。

利用互联网规则，巧妙完成团队搭建

屈会晶的公司是阿里巴巴示范基地，经常有济宁很多企业来公司探讨学习。她发现，企业老总向她询问得特别多的一个问题就是如何搭建团队。有的老板以为业务员招得越多，带来的订单就越多，一味扩大规模，结果人力成本开销很大，企业运转却丝毫没有起色。巧妙利用互联网规则完成团队搭建和管理，有效提高团队凝聚力，这也是屈会晶在只有几个业务员的情况下，短时间内成为优商的重要原因之一。

屈会晶刚做外贸时和很多人一样，不懂管理，也不知道如何搭建团队，招到第一个业务员后就匆匆开始创业。后来随着公司发展走上良性的轨道，又招了几个业务员。但这时问题很快就来了，屈会晶发现她们都是各自忙着自己的订单，作为老板的自己却一下不知怎么管

图 6.6　济宁企业阿里活动

理业务员，"不知道她们真正在想什么，也很难把她们作为一个团队拧成一股绳。"

好在屈会晶是个喜欢钻研的人，也对跨境电商平台的各种交易规则熟稔于心。她决定将团队运营按照阿里巴巴平台的规则来设置，一个主账号加五个子账号，相应配备一个团队主管和五个业务员，由此设置了自己的第一个团队。由于阿里巴巴平台上，主账号和子账号之间分工清晰，屈会晶就让主管负责主账号，业务员负责子账号，主管侧重操作，业务员起协助管理、监督工作的作用，如此一来，团队管理果然一下高效、明确起来。屈会晶说，公司能在创业半年就收回第一笔投资成本，原因就得益于此。"团队的基础稳固了，整个公司才会正常运营，否则有平台没有团队也做不起来。"

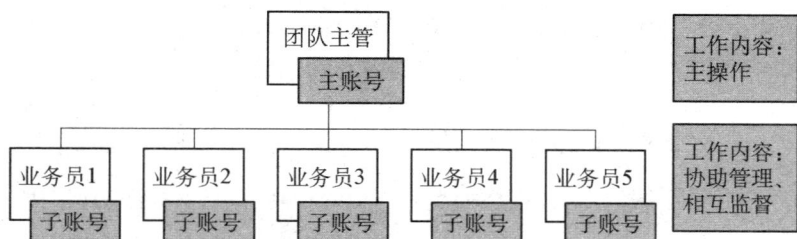

图 6.7　屈会晶公司团队搭建图

梳理屈会晶创业经历可以发现,整个过程她都走得很踏实又灵活,尤其是善于抓住跨境电商发展新机遇,及时调整自己的营销策略和公司运营布局,信息展示从买家体验角度出发;也有很强的多媒体运营和营销能力,早在新趋势之前就已经在这方面开始尝试并收到不错效果,随后又将新媒体营销做得更精准和专业。在团队建设上,她的方法看似普通,其实也很巧,将互联网平台现有规则"移植"到自己企业上,再在实践中根据员工自身特点进行管理,为公司的快速发展搭建了稳固的基石。

屈会晶勤奋开朗、乐于分享,做事有闯劲,当一切都踏踏实实去做后,风口一来她就果断抓住机会,一下快速成长为阿里巴巴平台上的三星优商。

优品

几乎每一位走进华盛爽朗纺织品（北京）有限公司的人，都会被进门正前方两个展示柜里摆放得满满当当的专利证书、商标注册证书所吸引。"我们自己注册了 20 多个发明专利和实用新型专利，十多个新材料品牌，获得的各种奖状也很多，但大都没有保留。"创始人之一的梁晓凤低调地说。

"60 后"梁晓凤和丈夫许东是 20 世纪 80 年代初期毕业的大学生，他们在"象牙塔"中求学，身上却流淌着不安分的因子。从放弃体制内稳定优越的工作，到下海经商打造自己的专利产品，又在互联网时代成为阿里巴巴平台上的三星优品供应商，梁晓凤和许东人生中进行的每一次果断选择，都精准地踩到了时代发展的节点。

做优品，始于高度的职业灵敏度

优品是阿里巴巴平台根据近年来外贸行业出现的新趋势，为严肃商品提出的新倡议，顾名思义就是指供应商要研发设计出行业领先、拥有自己专利的产品。

梁晓凤夫妇从创业到做优品，是一段漫长而曲折的过程。1983年大学毕业后，他们双双成为北京一家报社的记者。1992 年中国上下掀起一股下海潮，次年许东也在时代的感召下毅然辞职创业，先为中国民航印刷航班时刻表,后来又给北京的知名外企做礼品包装,还办过当时理念非常超前的政府信息亭。

看到许东在商场游弋,梁晓凤也留意起跳槽机会。在《人民日报》新闻研究班进修时,她偶然得知中国要开办第一期公共关系培训班。那时世界500强开始大量进入中国市场,公共关系领域在国内还是一片空白。梁晓凤意识到,一个巨大的行业发展机会就在眼前。她利用业余时间完成公共关系培训课后,果断跳槽到中国成立的第一家公关公司,成为可口可乐重新进入中国、麦当劳在北京开设第一家店等重大经济事件的见证者。后来,梁晓凤又跳槽去了一家国际著名的体育推广公司,参与中国政府申办2008年奥运会,还把高尔夫、网球、F1等国际大型赛事引入中国。伴随90年代中国经济的起飞,梁晓凤看到很多中国企业从小作坊一步步发展壮大,已经做到公司高管的她也动了心。

2001年,四十不惑的梁晓凤在为"大豆蛋白纤维之父"李官奇策划新闻发布会时,嗅到商机,毅然开始了自己的创业之路,进入完全陌生的纺织行业,拉开此后做优品的序幕。

为做研发,公司几次面临"生与死"

梁晓凤大学学的是金属与非金属专业,激情之下闯入完全陌生的纺织领域后,才发现困难重重。那时震惊世界的大豆蛋白纤维材料虽然发明出来了,但后续的纺纱、织造、染整等技术完全还是空白,一切都是摸着石头过河的阶段。有一次,由于没有掌握大豆蛋白质纤维不耐高温的特性,公司一下就亏了四五十万元。他们又选择实验、改进、生产一起上,结果很快 500 多万元投资就被烧光了。

就在华盛爽朗快撑不下去时,国内一家知名企业主动找上门来想合作。恰好这时,许东也基本掌握了大豆蛋白纤维的特性和弱点,双方又签了一份 2 000 多万元的合同。谁知生产环节中再次遇到很多难题,最后一算不仅没赚钱,反而赔了 100 多万元。

可以说,创业的前 5 年,华盛爽朗都是在无比艰难中度过的,直到一位俄罗斯商人突然通过公司官网找上门来,叫他们用兔绒加工成面料做系列产品。梁晓凤夫妇决定最后一搏,半年后俄罗斯客户看样品非常满意,当即下了 100 多万美元订单,公司才一下起死回生。"从天而降"的俄罗斯买家,让他们意识到互联网平台在外贸中的巨大价值。

2008 年,华盛爽朗成为阿里巴巴国际站上的会员,并很快引起阿里巴巴的注意。国际站定期邀请他们参加各种业务培训,平台有新功能也第一时间上门教他们操作。华盛爽朗的电商运营能力得到飞速提升,成为平台上为数不多的三星级供应商。经过阿里巴巴的推广,华盛爽朗的新材料为更多的海外买家知晓,询盘非常精准,转化率始终保持在 40％至 50％以上。尤其阿里巴巴信用保障体系推出后,原来通过常规渠道出口的业务,流程一下变得简单和便捷,极大提升了客户订单翻单速度,非常符合目前小批量、多频次的外贸新趋势。

图 6.8　公司作为优商代表参加阿里巴巴采购启动仪式

自主研发+ 营销,商业模式领先

2012 年,梁晓凤夫妇通过互联网又发现了一个巨大的商机。

当时,韩国有人利用铜的抗菌功能做铜纤维,这一技术是在纤维的生产过程中将铜液体喷涂在纤维表层上,但是铜不仅容易脱落,成本也非常高。许东发现这是一种市场潜力非常大的新型材料后,决定改进铜纤维的生产工艺。经过反复实验和不懈努力,创造性地将铜螯合在纤维的化学键上,成功研发出新型铜纤维。

铜纤维面世并在电商平台上展示出来后引起一位英国客户的关注。收到样品后,生性严谨的英国人拿着面料到英国南安普顿大学微生物实验室进行检测,检测结果让他们非常惊讶,铜纤维面料不仅对一般细菌抗菌率能超过 99.9％，而且对毒性非常强的病原菌 MRSA，也有非常好的抗菌灭菌功效，于是一口气叫华盛爽朗又开发了 20 多种产品。后来这些产品在英国、美国反响非常好，短短几年时间，铜纤维产品的市场份额就从只生产几件样品发展到如今每年拥有数百万美金的海外采购量。

铜纤维产品的问世不仅让华盛爽朗声名鹊起，还促成一些国外传统公司的转型。当时，一家美国排名前四的电话卡公司就主动通过阿里巴巴平台与华盛爽朗取得联系。电话卡公司负责人告诉梁晓凤，手机的普及对他们的传统电话卡业务冲击非常明显，公司生产量在急剧萎缩，他们不想坐以待毙，正在打算开拓新的市场。发现华盛爽朗生产出的铜纤维面料后，当即眼前一亮，叫他们利用面料的抗菌除臭功能开发一款用铜纤维纱线织成的压力袜。产品推出后同样在美国市场反响非常好，这家电话卡公司也正是靠着"爆款"产品压力袜成功转型。

铜纤维材料在南安普顿大学的检测结果和海外市场的认可，极大地鼓舞了梁晓凤夫妇，他们也申请下第一项自己的发明专利。此后，拥有的发明专利和实用新型专利越来越多。这时，华盛爽朗也吸取创业初期只靠一己之力在研发上苦苦投入的艰辛，而是通过对市场前沿动态和趋势的把握，与客户对产品需求的互动，采取抓两头带中间的"微笑曲线模式"：一头抓专利技术的研发和知识产权的保护，一头抓国际市场的推动，由市场需求带动整个生产链的整合和生产，既减少了研发开支，也加快了专利到产品的转化周期。

"贸易战"频繁，有专利是保护自己

就像当年擅于在时代的转型中发现各种商机一样，梁晓凤对海外市场的变化也捕捉得异常准确。这两年她发现，新面料的订单从开始的一笔十多万件，变为几万件、几千件，甚至随着年轻人在穿戴上"加速度"般的更新，有些订单小到只有 500 件、1 000 件。小单化趋势越来越明显，但新产品的市场需求却越来越大。这种情况下，供应商不仅要"被动"制造出符合买家需求的产品，还要"主动"研发出引领行业趋势的新品，才能始终处于领先地位。

多年来积累下的研发经验，也让华盛爽朗能游刃有余地应对外贸环境的新变化，他们开发出的实用新型专利有十多个，很多都是针对买家需求研发设计的新品。比如说有客户反映袜子难穿，重视买家体验的他们就设计了一个开口压力袜；还有适合在健身房穿戴的鞋袜，穿上后不管是健身还是做瑜伽，都不用再穿运动鞋，非常方便。

正是在研发各种新产品的同时，他们注意到不管是国内还是国外，健身的队伍越来越庞大，认为未来全球新纺织材料的行业趋势是朝着健康领域发展。他们开始提前布局，近年来的研发都是致力于生产开发带有功能性的产品，比如可以用于户外运动内衣、护膝、袜子、床品等产品上的抗疲劳面料，最近还在研发一款既可以穿戴，又可以锻炼肌肉的运动手套。

梁晓凤接受采访时,恰逢中国与美国发生贸易摩擦,她非常关心中美双方的相互沟通,尤其关注美方提到的知识产权,"现在的贸易壁垒,除了贸易逆差之外就是知识产权了。"她说,以纺织行业为例,全世界70%的纺织产品是中国制造,美国自然感到中国的"威胁",对纺织领域的知识产权保护也非常严厉,受此影响中国供应商遭遇的贸易摩擦肯定会越来越频繁。

图6.9　梁晓凤公司专利墙

2017年,华盛爽朗就在美国市场遇到过一场风波。当时,一款新面料产品销售非常火爆,亚马逊上90%以上的相关产品都选用这款面料做成。眼看到处都是"中国制造",当地就有公司以侵权为由要将华盛爽朗的美国销售商告上法庭。按照美国法律,一旦真的构成侵权,那位美国销售商会赔得倾家荡产。当时销售商非常恐慌,直到华盛爽朗拿出发明专利证书诉讼才转危为安。"在现在的国际贸易形势下,有专利首先是保护自己。如果没有专利技术保护,将来产品在国外很可能就卖不出去。"梁晓凤感慨地说。

总结下来,优品要满足两个条件:一是符合互联网时代的买家需求,二是引领行业趋势。当前,全球买家变得更加挑剔、重视产品体验,对中国供应商自然提出更高要求。这方面,在产品研发设计领域摸爬滚打了 17 年的梁晓凤感触最深。她说,互联网不是低端产品靠价格竞争的战场,而是创新要素参与互动,并谋求快速改变现状,创造新价值的平台。如果中国供应商现在还停留在"中国制造"上做外贸,不但容易陷入艰难的价格战,还会在国际贸易摩擦中更加举步维艰。只有把"中国制造"变成"中国创造",重视产品知识产权,企业才能走得又稳又远。

优 服 务

一头齐耳短发把 1991 年出生的李芃森修饰得秀秀气气。她年纪虽轻却非常能干,创业短短 4 年,公司就从 2 人发展到 30 人,年出口额突破上亿元人民币,是外贸圈一颗冉冉升起的新星。

李芃森老家在河北安平,是国内外有名的丝网之乡。当地家族企业居多,经济发展整体比较好,很多人都比较喜欢安于现状。李芃森不一样,提前一年从河北外国语学院商业英语专业毕业,回安平工作一段时间后,就决定去石家庄创业。

不过,2014 年、2015 年,公司业务量都处于持平状态。不甘平庸的李芃森觉得,再这样下去就没什么前途了。她开始到处学习,把学习收获和实践经验写成文字总结下来,并逐一落实。公司此后果然迎来飞速发展,2017 年出口额一下从 600 万美元激增到 1 300 万美元。

李芃森很勤奋,只要不出差,经常早上 7 点就提前到公司,一个人在电脑前安安静静地写她的"外贸宝典"。中英文材料现在已经写了几十万字,内容包括帮助新手阶段性成长的"外贸从 0 到 1 到 N",以及帮助企业老板转型的"小微企业管理三板斧"等课程,这些课程核心都是一个,为买家提供优质服务。

"优服务"是阿里巴巴国际站上出现买家年轻化、订单碎片化、小单高频化碎片化的新趋势后,对卖家服务提出的更高要求,也是中国供应商都要学的一门"必修课"。

更精准地展示产品

优服务首先体现在信息展示能力上,供应商能更精准和专业地展

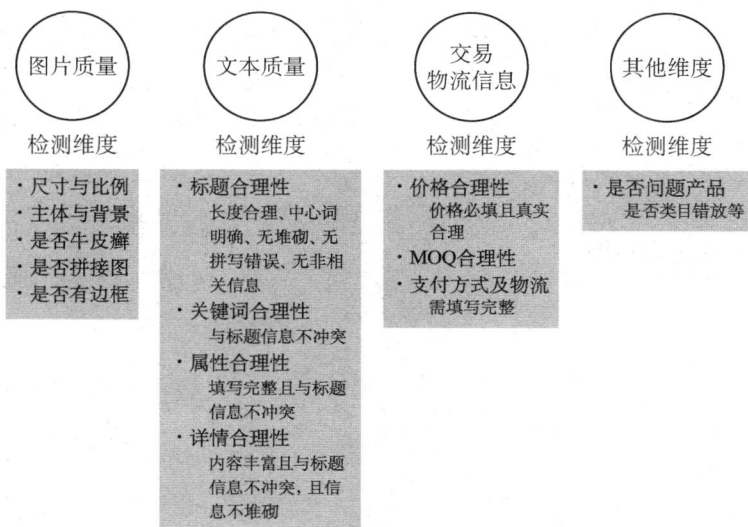

图 6.10　Alibaba. com 商品信息质量模型

示自己,提供高质量的商品信息和旺铺展示,提高买家询盘匹配度。

展现形式也会更贴近年轻买家的视角,更加多元化。除了传统的文字和图片展示,交互式体验、多媒体、短视频都是新出现的展示方式。随着 VR 技术在外贸交易中的应用,VR 验厂开始兴起,客户足不出户就可以身临其境看到工厂。线上直播也是新的信息展示方式,可以打通线上线下流量。

2017 年 9 月,阿里巴巴国际站打造的"920 采购节"全球大促上,李芄森表现不凡,10 天成交额为 42 万美元。其中一个原因就是对3 款主打产品采用了更加多元、精准、专业的展示方式,每个产品除了文字和视频,还配有英文短视频。今后在产品展示上,她还打算借鉴

"天猫"店铺的经验,从数据、细节、对比、客户反馈等角度进行信息展示优化,让买家更有下单欲望,减少业务员做客服的工作量,把更多精力专注于客户开发和产品本身。

更专业地沟通交流

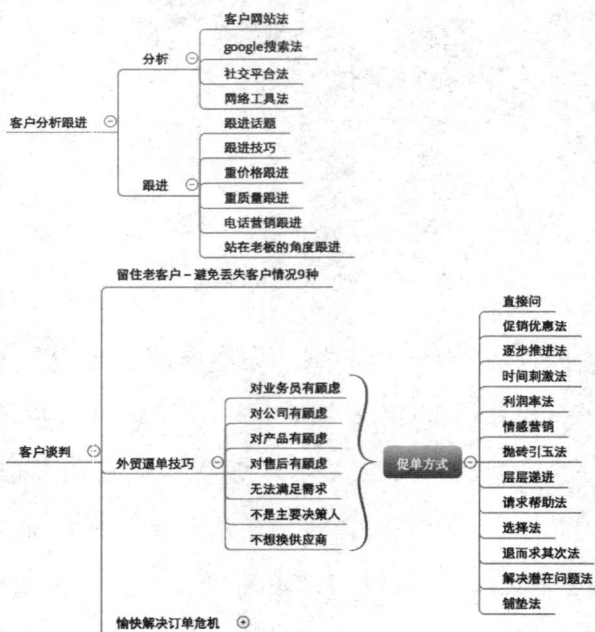

图 6.11　沟通交流上的优服务

优服务还体现在,不管是和客户进行询盘回复还是沟通,都很专业。

李芃森自己就是业务员出身,她把与客户的沟通谈判分为初期、中期、后期三部分,每个阶段如何和买家谈判才显得高效而专业,都一一总结下来,手把手地教业务员学习。"920 采购节"上,光是关于价格谈判,她就提前准备了 10 种应对策略,这样业务员可以在最短时间内实现快速、优质、专业的询盘服务。

在和买家沟通时,李芃森还有一套展示公司形象的标准流程。初级展示包括提供公司网站、品牌、地址、联系人,有何主流业务,供应商规模等基本信息;中级展示包括介绍采购情况、销售季节、采购季节、报价、销售渠道等。进入不同环节,业务员切换不同话题,及时满足买家的信息需求,从而也提升了沟通时的服务质量。

提供确定性的商机沟通服务

优服务要有确定性的商机沟通能力,从询盘回复的时效性方面,给买家更好的回盘体验。

很多海外买家都会吐槽中国人在时间观念上不是很强,约好隔 10 分钟打电话过来,结果 10 分钟早已过去,电话铃声也没有响起。在提供确定性的商机服务沟通上,李芃森会和对方细化到诸如 12 分钟、27 分钟后联系等非常确定的时间点,并准时和对方联系。

优服务的关键节点中,有一个标准是确保 1 小时内沟通服务。"920 外贸采购节"期间,李芃森公司团队全部 24 小时运转,轻松实现1 小时内沟通服务,回复率特别高。平时公司下午 6 点下班,但 6 点到晚上 9 点间的 3 个小时内，业务员对买家的询盘也必须在 1 小时内回复。下班后，每封邮件的平均回复时间也在 1～3 分钟内。李芃森本人也是 24 小时"在线"的状态，业务员遇到紧急情况要和她联系，不管多晚，她都能第一时间及时提供解决方案。

李芃森自己也明显感觉到阿里巴巴国际站上，买家无线化交易的情况明显增加。这就使得订单产生的规律和以往不同，不一定是上班时间，甚至有的时候业务员吃个饭的功夫，一个询盘就来了。日均活跃用户增多后，对优服务提出的新要求就是，要始终保持和客户沟通的灵敏度。

图 6.12 李芃森公司销售团队

生产供应能力可视化

优服务也延伸到生产供应能力上，要求逐步实现生产排期的关键节点数据对买家进行可视化呈现，让买家随时了解到订单的进展。

这需要企业充分掌握和确定产品的生产进度。李芃森公司有个排产部，会制作生产进展展示牌，让业务员随时掌握生产进展情况。与很多公司在买家询问才被动回答生产情况不同，她选择主动出击。每周设置一个固定时间向买家通报生产情况，还定期把生产过程拍成视频发给买家。如此一来，卖家自然不会担忧交货时间，"这是一个从 push 到 follow 的过程，让客户习惯我们，对我们有信任感。"李芃森说。

确定性的履约保障能力

履约保障也是优服务中不可缺少的重要环节，主要指商家按订单要求执行的能力，提高买家体验和满意度。

履约保障能力首先就是产品要保证满足买家的需求，比如不能发错货。"920 采购节"期间李芃森公司的发货量骤增，有时一天多达几百件甚至上千件，结果业务员发货出错率就比较高。为了改善买家的购物体验，李芃森及时调整公司流程，要求业务员和排产部门进行三次核对签字，分别是订单下达后核对一次、大货样品出来后核对一次、大货完成后核对一次，如此一来发货错误率减少到 20%。这个流程经过公司后续完善，在 2018 年 3 月举行的新贸节上，发货错误率降到

图 6.13　李芃森公司业务员每日工作流程基本表

只有 1%。

履约保障能力还体现在海外客户和买家能随时取得联系。外贸行业竞争激烈,压力很大,业务员跳槽也比较频繁。李芃森在每一个成交的单子后面,都会再追加一封客服邮件,里面有自己的联系方式,并告诉对方自己 24 小时手机保持畅通,既给了买家一种被重视的感觉,也可以防止跟单业务员离职后客户遇到问题找不到人解决。

转换商业思维，培养现代化的商业意识

李芃森重视服务的意识，始于创业前在香港见到一位生意做得非常大的美籍华人。

当时，善学的李芃森向他请教做外贸的成功秘诀。那位美籍华人没有直接传授"成功学"，而是先讲了一个现象：大陆商家从来都只管自己把货物装好，没有想过对方卸货时的不方便。因为在中国大陆，叉车装 2 吨以上东西都没问题，而在国外港口全是载重 1 吨的小叉车，导致工人每次卸载来自中国的货物都非常费劲。"最后所有的积怨都归到你这个销售商身上，因为这么一个小细节，你可能就会失去订单，不觉得委屈吗？"这位美籍华人告诉李芃森，外贸要做好得有两个关键，一是要知道外国人的思维，二是要注意他们的采购习惯。李芃森说，当时她就被点醒了，意识到服务的细节决定成败。

2015 年，李芃森开始在安平做起工厂联合体的外贸培训。第一期就有 40 多个人主动报名参加，后来参加的人越来越多，场地从 60 多平方米换成 200 多平方米，直到现在的 1 000 多平方米。接触了大量一线外贸人后，李芃森发现，很多外贸公司没办法向海外买家提供优服务的原因，同样也是中国思维和国际思维没有对接，很多人没有真正去国外看过，自然不知道买家在想什么。比如很多老板教业务员谈价格时总是喜欢说："不能再低了，我们产品没有什么利润了。"这就是典型的中国人思维，这样一说海外客户反而会认为，如果一个商

品没利润的话,它的质量一定有问题。

李芃森认为,要提供优服务,中国买家首先得转变商业思维,要有现代化的商业意识,把商业风范做起来,帮客户解决他不能解决的问题,让客户无忧地去采购。

从外贸行业新手走到现在,一路上李芃森也遇到各种困惑和迷茫。特别是2015年,公司没有任何管理体系时整天都有"做一天和尚撞一天钟"的感觉。当她踏踏实实地在每一个单子中都把优服务做到最好后,公司一下就不一样了,最终在2017年实现出口额上亿元的"小目标"。

优服务包括四个维度:更精准和专业地展示自己、有确定性的商机沟通能力、生产供应上逐步实现生产排期关键节点数据对买家可视化呈现以及确定性的履约保障能力。

短视频、直播、VR······越来越多的新玩法进入外贸后,各种规则也在不断更换。以前网上做外贸讲流量,平台上流量进来以后,买家搜索就能找到对应的商品。随着电商平台信息更加透明,流量不再为王,中国的供应商应该及时调整思维,为买家提供优质的服务。根据阿里巴巴国际站发布的最新调查,未来跨境电商贸易不仅仅是文字和图片的展示,更多是交互式体验,这时只有提供优服务的商家,才能在新的变化大潮中领先。

结　语

一个半世纪以前，小说家狄更斯谈到工业革命后的英国这样评价："这是最好的时代，也是最坏的时代。"时间流转到21世纪，互联网技术的兴起，不仅将全球70多亿人口连接成一个命运共同体，更创造出无限新的可能。正如世界经济论坛创始人兼执行主席克劳斯·施瓦布在《第四次工业革命》中所说，建立在数字技术上的第四次工业革命正在到来，中国凭借其一系列开放创新，必将成为新一波经济活动和技术创新浪潮的"弄潮儿"。

在这个"最好的时代"里，未来中国外贸企业应该主动成为优商，代表全球供应商最先锋的力量。

在这个"最好的时代"里，未来中国外贸企业应该主动提供优品，彰显对全球买家负责任的态度。

在这个"最好的时代"里，未来中国外贸企业应该主动提供优服务,向传递中国优秀的商业模式、文明理念。

相信通过无数的外贸企业兢兢业业地努力,终将实现从 Made in China(中国制造)到 China Made(中国之造)的巨变!